文化遗产景区
旅游环境优化研究

陈享尔　著

上海交通大学出版社

SHANGHAI JIAO TONG UNIVERSITY PRESS

内容提要

本书从文化遗产开发与保护均衡问题出发,从遗产本体、遗产游客及遗产政策等三个视角,探讨通过优化文化遗产景区环境,以缓解文化遗产开发与保护矛盾的方法,遗产本体视角的环境优化研究包括遗产景区整体环境优化研究、遗产景区缓冲区空间建设以及遗产景区管理环境优化研究。游客视角的环境优化研究包括遗产景区游客体验环境研究以及遗产景区游客管理环境研究。政策视角的环境优化研究包括遗产国际法政策分析、遗产外国法政策分析、我国遗产政策分析及建议等。

本书可作为高等院校旅游、文化及社会学等专业师生的参考教材,也适合作为旅游管理、文化管理和省(自治区)市公共服务管理部门的参考用书。

图书在版编目(CIP)数据

文化遗产景区旅游环境优化研究 / 陈享尔著. -- 上
海:上海交通大学出版社,2025.1
  ISBN 978 - 7 - 313 - 30534 - 3

Ⅰ.①文… Ⅱ.①陈… Ⅲ.①文化遗产-旅游区-旅
游环境-环境管理-研究-中国 Ⅳ.①F592.99

中国国家版本馆 CIP 数据核字(2024)第 067531 号

文化遗产景区旅游环境优化研究
WENHUA YICHAN JINGQU LÜYOU HUANJING YOUHUA YANJIU

著　　者:	陈享尔			
出版发行:	上海交通大学出版社	地　　址:	上海市番禺路 951 号
邮政编码:	200030	电　　话:	021 - 64071208
印　　制:	苏州市古得堡数码印刷有限公司	经　　销:	全国新华书店
开　　本:	710 mm×1000 mm　1/16	印　　张:	11.5
字　　数:	200 千字		
版　　次:	2025 年 1 月第 1 版	印　　次:	2025 年 1 月第 1 次印刷
书　　号:	ISBN 978 - 7 - 313 - 30534 - 3		
定　　价:	78.00 元		

前　言

　　文化遗产旅游发展是近年来学术界研究的重要议题之一,遗产资源向旅游产品的转化已经成为遗产发展的一种重要趋势,尤其是被联合国教科文组织列入《世界遗产名录》的世界文化遗产,对世界各国游客均具有极大吸引力并且被认为是促进旅游业发展的核心资源。然而,随着文化遗产旅游活动如火如荼地开展,文化遗产资源保护与开发之间的矛盾问题日益凸显。有学者已指出"世界遗产名录的诞生是出于从国际化的视角出发对遗产资源进行识别、认知及保护的目的,然而实际的情况却是各个国家日益把本国列入《世界遗产名录》的文化遗产资源作为其在世界旅游市场中竞争的工具"(Li et al.,2008)。目前学术界关于文化遗产资源保护与开发二者关系的论点大致分为三种:注重文化遗产保护但反对文化遗产开发的学者主要从遗产资源本身和游客两个方面进行立论,他们认为出于商业目的的文化遗产开发活动将会造成文化遗产真实性的缺失。与此同时,由于文化遗产资源不断地商品化所造成的遗产真实性缺失将进一步导致参观游览这些文化遗产的游客最终形成关于文化遗产资源的错误认知(MacCannell,1973);然而,还有一些学者持有不同的观点,这类学者认为文化遗产的开发是文化遗产发展中的重要内容(Cohen,1988;Naoi,2004),遗产资源保护工作的开展依赖于遗产资源开发利用所带来的经济收益,"遗产资源的商品化开发利用所产生的经济收益可以有效地资助遗产保护工作"(Chhabra,2009)。在缺少经济资助的条件下,文化遗产资源保护政策的出台及其实施都将变得举步维艰;学者中存在的第三种观点属于折中态度,学者认为文化遗产资源的开发利用会给文化遗产发展带来正面和负面双重影响(Borg et al.,1996)。由此可见,文化遗产资源保护与开发议题是学术界研究的重要问题之一,同时也是关乎文化遗产资源未来发展的关键问题。

事实上,在当今的时代背景下文化遗产商业化开发已经成为不可逆转的趋势。文化遗产资源开发利用对于促进当地的社会经济发展有着十分重要的作用,例如"遗产资源的开发利用能够增加政府税收并促进经济增长"(Wang,Bramwell,2011)。与此同时,遗产资源开发也已经成为世界上众多城市更新及乡村改造计划的重要组成部分,通过以遗产资源开发为核心的城乡改造活动,遗产所在地区的竞争力水平得到进一步的提升(Harvey,2005)。如果仅仅关注文化遗产真实性内涵的保护而否定遗产资源开发的社会经济作用,则有可能会导致当地经济上的贫困化(Yang et al.,2008)。目前的现实情况是针对文化遗产的纯粹性保护或纯粹性开发已经不再适合文化遗产发展的要求,文化遗产未来发展的核心议题不再是探讨是要保护文化遗产还是开发文化遗产,而是如何通过平衡文化遗产保护与开发的关系,从而实现文化遗产资源合理有效的发展。

从本质上来说,平衡发展文化遗产保护与旅游开发的核心问题在于如何在保护文化遗产真实性的前提下满足游客的旅游体验。如何处理好文化遗产真实性保护与满足游客体验之间的均衡关系问题是实现文化遗产保护与开发平衡发展的关键所在。文化遗产保护工作的最终目的在于保护文化遗产的真实性,真实性原则是衡量文化遗产价值的标尺,也是遗产保护所需依据的关键。真实性原则作为世界文化遗产保护的核心精神,其在文化遗产保护工作中扮演着最重要的角色(张成渝,谢凝高,2003)。而文化遗产开发最终目的则在于满足游客的游览体验,只有在游客从游览文化遗产过程中获得满意游览体验的条件下,遗产开发才能获取各种收益,同时也说明文化遗产开发工作是有效的。

然而,目前的实际情况是遗产真实性原则与游客体验在部分文化遗产发展过程中并没有受到应有的重视。文化遗产开发和保护过程中均存在着损害遗产真实性的问题:文化遗产开发过程中存在着建设性破坏的现象,部分遗产景区为了迎合游客的需求,追逐不当的经济利益,从而在不顾及遗产真实性保护的前提下对遗产资源进行破坏性开发,从而严重损害了遗产资源的真实性;文化遗产保护过程中则存在着修复性破坏的问题,部分针对文化遗产的维修及复建工作中,由于没有充分重视遗产的真实性内涵而对遗产资源进行简单粗陋的修复行为,最终导致遗产真实性受到损害的不良后果。与此同时,游客体验这一核心要素在文化遗产整个发展过程中有时处于被忽略的地位,取而代之的是政府干预及专家意见在文化遗产保护政策制定以及遗产开发规划制定方面扮演了重要角色(Wang,Bramwell,2012)。上述问题在我国文化遗产发展过程中亦有体现,我国文化遗产保护政策及开发规划的制定通常缺少游客的参与,游客的意见在文化遗产发展过程中很少受到相关部门的重视。因此,针对遗产资源真实性保护及遗产游客体验的研究,对于合理有效开展文化遗产保护与开发工作具有十分重要的意义。

基于上述讨论,本书的研究问题确定为:在文化遗产旅游景区发展过程中,遗产资源的真实性与游客体验之间存在何种关系? 这种关系是否存在差异? 如何反映这种差异? 遗产真实性与游客体验间的关系与文化遗产旅游景区未来发展方式之间又存在何种联系? 文化遗产景区通过对哪些环境要素进行空间优化,从而实现文化遗产空间保护以及旅游空间的合理优化? 针对这些环境要素采取怎样的空间优化策略,从而实现文化遗产真实性保护与满足游客体验两者之间的均衡? 在文化遗产景区游客管理过程中,针对哪些游客管理要素进行管理策略上的提升,从而实现在减少或避免因游客的不当游览行为对遗产资源真实性产生负面影响的同时,满足游客的游览体验? 在遗产政策的制定过程中,如何通过进一步健全我国遗产法律体系,从而为我国遗产真实性保护与利用提供更有效的法律保障。

针对上述研究问题,本书在总结和借鉴文化遗产发展案例成功经验的背景下结合我国文化遗产发展的实际情况,以故宫世界文化遗产景区为空间研究载体,揭示了遗产真实性与游客体验的集合关系及该集合关系之间存在的差异;从遗产真实性保护与满足游客体验的视角出发,针对皇城保护区空间环境优化进行了实证研究,从而总结出文化遗产景区空间环境优化策略;在系统综述缓冲区已有研究基础上,针对北京世界文化遗产景区缓冲区特征进行分析;在梳理遗产景区管理理论基础之后,针对布达拉宫遗产管理进行研究;在综述游客体验相关研究的基础之上,针对故宫游客对于土地使用功能、建筑物风貌真实性、建筑物高度的体验环境优化进行研究;通过总结游客管理相关研究进展,提炼出文化遗产景区游客管理有机组成要素,继而针对文化遗产景区游客管理进行实践研究,最终总结出以实现遗产真实性保护与满足游客体验为目标的故宫景区游客管理发展策略；基于对国际遗产组织相关遗产政策分析、西方国家相关遗产政策分析以及对我国相关遗产政策的梳理，最后基于对我国世界文化遗产法规所存在的核心问题分析，总结出进一步健全我国世界遗产法律体系的方法，从而为我国世界遗产真实性保护与利用提供更有效的法律保障。

通过对上述问题的系统研究，本书得出如下主要结论。

（1）优化文化遗产景区环境是缓解文化遗产开发与保护矛盾的有效途径。

（2）遗产本体、遗产游客及遗产政策是研究文化遗产景区环境优化的核心视角。

（3）针对遗产景区整体环境、缓冲区空间及景区管理环境的优化是文化遗产景区环境优化的核心内容，也是实现保护遗产整体真实性历史氛围并提高遗产利用水平的重要途径。

（4）基于遗产真实性的游客体验研究能够促使文化遗产资源在旅游发展过程中实现有效利用，同时也能更好地满足游客的游览体验。

（5）文化遗产景区游客管理是缓解遗产开发与保护矛盾的重要手段。遗产景区游客管理是由游客空间行为管理、游客容量管理、游客冲击管理以及游客安全管理所组成的有机整体。

（6）遗产法律政策体系是由遗产政策国际法以及遗产所在国制定的遗产政策两个部分构成。对于文化遗产旅游政策的制定主要是围绕文化遗产真实性的保护为核心内容展开。目前我国的遗产保护法律体系尚不完善。

目　录

1

第1章 引 言

1.1 研究背景

1.1.1 文化遗产是区域历史文化底蕴的集中体现

文化是一个区域走向世界的重要创新之源,是一个区域向高端发展的必要保障,文化领域的建设和发展对于未来区域建设目标的实现具有重要的意义。文化遗产是人类社会物质文明与精神文明的历史积淀,它是区域文化建设的重要一环,文化遗产是区域的名片和灵魂,有效地保护及可持续地开发文化遗产已经成为区域获得最佳品牌效应的重要途径。《中华人民共和国国民经济和社会发展第十四个五年规划和2035年远景目标纲要》多处重要内容涉及文化遗产和旅游发展,明确提出推进文化遗产旅游创新发展及其保护传承。通过保护和开发文化遗产,地区可以营造起富有人文内涵的文化环境,同时还可以满足人民大众的文化需求。

1.1.2 文化遗产旅游已然成为旅游业发展的重要组成部分

在21世纪的今天,遗产旅游作为一种世界现象,已经成为人类求取与外部世界高度和谐的有效形式之一,成为高质量回归自然、回归历史的必须性的社会生活组成部分(陶伟,2002)。文化遗产旅游是城市旅游业发展的重要组成部分,文化遗产实际上已经转化为旅游吸引物或者旅游资源(张朝枝,2008)。例如英国的遗产资源就被认为是"英国吸引海外游客的主要力量"(Markwell,Bennett,1997)。随着《保护世界文化与自然遗产公约》的诞生,世界遗产的概念在国际社会上得到广泛传播。与此同时,被世界遗产委员会批准列入《世界遗产名录》(*The List of World Heritage Sites*)的遗产日益成为各国城市最具吸引力的旅游资源。1975年欧洲"建筑遗产年"就是遗产消费成为大众消费需求的重要标志。自从中国于1985年加入《保护世界文化与自然遗产公约》以来,世界遗产概念的影响力亦开始在我国与日俱增。目前中国境内被列入《世界遗产名录》的遗产种类包括世界文化遗产、世界自然遗产、世界文化与自然遗产以及文化景观。随着我国文化遗产数量的增长及种类的丰富,文化遗产旅游也日益成为国内最炙手可热的旅游类型。

1.1.3　文化遗产旅游研究是学术界重要研究议题之一

文化遗产旅游发展是近些年来学术界研究的重要议题之一(Balcar,Pearce,1996;Fyall,Garrod,1998)。遗产资源向旅游产品的转化已经成为遗产发展的一种重要趋势(Apostolakis,2003;Yeoman et al.,2007),尤其是被联合国教科文组织(United Nations Educational,Scientific,and Cultural Organization)列入《世界遗产名录》的世界文化遗产对世界各国游客均具有极大吸引力,并且被认为是促进旅游业发展的核心资源(Yang et al.,2010)。我国进入世界遗产名录的遗产类型包括文化遗产、自然遗产、文化与自然遗产以及文化景观。2023年第45届世界遗产大会通过决议将"普洱景迈山古茶林文化景观"列入《世界遗产名录》,至此,中国世界遗产数量达到57项,其中文化遗产39项、自然遗产14项、自然与文化双遗产4项。党的十八大以来,我国实施了一批高水平的文化遗产申报、保护、管理、监测及展示项目。随着我国遗产数量的不断增多以及知名度的不断扩大,围绕遗产资源开展的旅游活动也开始兴起,伴随而来的是多元化及多视角的文化遗产旅游研究。

1.1.4　平衡文化遗产保护与开发的核心在于优化旅游环境

文化遗产旅游景区是围绕文化遗产资源开展遗产保护工作以及发展遗产旅游活动的核心空间组织载体,针对文化遗产的保护及旅游开发基本上是在文化遗产旅游景区的空间范围内实施和开展的。以北京为例,目前北京拥有的世界文化遗产资源均已形成以世界文化遗产本体为核心的文化遗产旅游景区,这些文化遗产景区具备了相应的旅游设施并为游客提供旅游服务,同时还具有景区经营管理机构以及明确的地域管理范围。北京在未来城市发展目标指引下发展文化遗产旅游必须以文化遗产旅游景区为核心载体,对文化遗产旅游景区进行,管理和发展从而实现对北京世界文化遗产进行有效保护及开发的目标。

1.2　研究目的

本书针对文化遗产开发与保护的矛盾,从遗产本体、遗产游客及遗产政策三个视角,探讨通过文化遗产景区环境优化来缓解文化遗产开发与保护的矛盾的内容与方法。遗产本体视角下的环境优化研究包括遗产景区整体环境优化、遗产景区缓冲区建设以及遗产景区管理环境优化研究;游客视角下的环境优化研究包括遗产景区游客体验环境研究与遗产景区游客管理环境研究;政策视角下的环境优化研究包括遗产国际法政策分析、遗产外国法政策分析、我国遗产政策分析及建议。

1.3 研究框架

本书的研究框架包括五个部分的内容:问题提出、研究目标、研究方法、研究内容和研究结论(见图1-1)。问题提出部分从文化遗产资源保护与开发之间的矛盾问题出发,探讨出实现文化遗产保护与开发平衡发展的关键在于优化

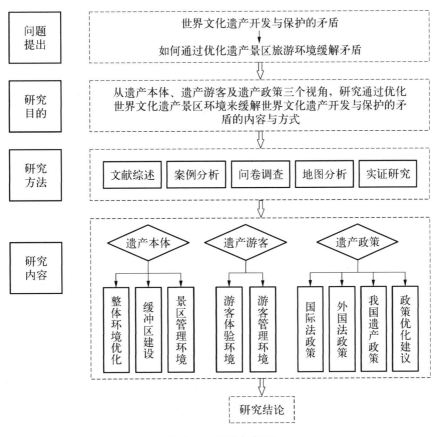

图1-1 研究框架图

文化遗产景区环境。在提出研究问题的基础上,本书进一步提出研究目标:从遗产本体、遗产游客及遗产政策三个视角,研究通过优化文化遗产环境来缓解文化遗产开发与保护的矛盾的内容与方式。本书的研究方法包括文献综述法、问卷调查法、案例分析法、实证研究法和地图分析法。

在研究目标的指引下,本书运用上述研究方法针对下列内容进行系统研究:一是在对文化遗产旅游内涵及真实性进行综述的基础上,研究文化遗产与城市发展的内在联系,并对我国世界遗产特征及北京世界文化遗产类型特征进行了研究(第2章);二是通过对法国巴黎马莱保护区、英国伦敦旧城区及日本遗产景区空间环境优化进行案例研究,得出宝贵经验,选取澳门历史城区及皇城保护区为实证研究对象,系统研究文化遗产景区整体环境优化(第3章);三是在对缓冲区研究进行系统论述的基础上,分析北京世界文化遗产景区缓冲区特征、北京世界遗产景区缓冲建设情况,并深入论述故宫遗产景区空间缓冲区建设,从遗产缓冲区空间范围划定、建筑风格限定、建筑高度限制、基础设施建设方面探讨文化遗产景区缓冲建设及优化内容(第4章);四是在概括总结文化遗产景区管理理论基础上,选取世界文化遗产西藏布达拉宫为实证研究区域,对其遗产景区管理环境优化进行探讨(第5章);五是在对游客体验研究进行系统论述的基础上,选取世界文化遗产故宫为实证研究区域,提出文化遗产景区游客体验环境优化策略(第6章);六是在对游客管理相关研究进展进行梳理,并系统分析游客管理模式案例的基础上,以文化遗产故宫为案例研究区域,提出文化遗产景区游客管理环境优化提升策略(第7章);基于对文化遗产国际法分析、文化遗产外国法分析以及对我国相关遗产政策的梳理,最终总结出我国遗产政策制定的相关建议(第8章)。

1.4　研究方法

1.4.1　文献综述法

为了全面整合优秀文献资源,使收集的文献尽可能可靠丰富,一方面通过网络数据库,根据研究主题、关键字等多种方式在国内外数据库上搜索,范围由大及小,收集到与本研究内容相关的核心文献,同时严格筛选利用通过搜索引擎谷歌、百度以及其他相关网站检索的资料,尽可能采用官方网站如世界文化遗产网、故宫博物院官方网站等可信度较高网站所公布的相关资料与数据。本书所进行的文献综述内容包括：文化遗产旅游内涵、文化遗产旅游真实性、文化遗产与城市发展、文化遗产空间缓冲区、文化遗产游客体验、游客管理研究。具体综述内容体系见表 1－1。上述综述研究内容依据本书的研究目的被安排在不同的章节。

表 1－1　文献综述内容总结

章　节	文献综述主题	综述内容
文化遗产旅游研究	文化遗产旅游内涵	遗产内涵的发展演变 世界文化遗产内涵 基于旅游地性质的遗产旅游内涵 基于旅游者需求的遗产旅游内涵
	文化遗产旅游真实性	文化遗产真实性概念渊源 真实性与文化遗产保护 真实性与文化遗产开发 真实性与文化遗产旅游管理
	文化遗产与城市发展	世界城市发展研究 城市文化遗产旅游研究 国家层面下遗产旅游发展
文化遗产景区缓冲区建设研究	文化遗产空间缓冲区	缓冲区内涵 缓冲区空间组织模式 缓冲区设定原则 缓冲区类型及功能 遗产缓冲区圈层结构保护模式
文化遗产景区游客体验环境研究	文化遗产游客体验	游客体验研究产生背景 文化遗产游客体验的内涵 游客体验质量的影响因素 游客体验质量的测度
文化遗产景区游客管理环境研究	游客管理	游客管理内涵 游客管理基础理论 游客管理研究内容

1.4.2　问卷调查法

问卷调查法是社会学等学科中最常用的方法，适于了解人们的意见、态度和行为，通过深入的实地调查而获得大量的第一手资料。通过对调查问卷所获取数据的统计分析,获得有用的信息和资料,并为最后得出本书的研究结论提供调查依据。运用问卷调查形式针对故宫景区土地使用功能真实性游客体验、故宫景区建筑物风貌游客体验、故宫景区建筑物高度游客体验以及故宫内部服务设施游客感知进行了调查,每种类型的问卷调查均有其不同的调查主题及调查目的,通过问卷调查所获取的资料数据对本书开展相关研究及最终得出相关结论起到了十分重要的作用。表1-2系统梳理了本书问卷调查的核心信息。

表1-2 问卷调查内容总结

章　节	调 查 主 题	调查对象	调查地点
文化遗产景区游客体验环境研究	故宫景区土地使用功能真实性游客体验调查结果	故宫游客	故宫景区
	故宫景区建筑物风貌游客体验调查结果	故宫游客	故宫景区
	故宫景区建筑物高度游客体验调查结果	故宫游客	故宫景区
文化遗产景区游客管理环境研究	故宫内部服务设施游客调查结果	故宫游客	故宫景区

1.4.3　案例分析法

案例分析法是本书所运用到的重要研究方法之一,尤其在本书第3章"世界文化遗产景区整体环境优化研究"中,该研究方法得到集中体现。案例分析对本书研究的核心意义就在于运用案例分析法,总结世界文化遗产发展的宝贵经验,从而为本书研究文化遗产的旅游发展提供借鉴。表1-3是对本书案例分析的内容总结。

表1-3 案例分析内容总结

案例研究视角	案例研究内容
遗产景区整体环境优化案例分析	法国马莱保护区空间环境优化案例分析
遗产景区整体环境优化案例分析	英国伦敦旧城区空间环境优化案例分析
遗产景区整体环境优化案例分析	日本遗产景区空间环境优化案例分析

1.4.4 实证研究法

实证研究的基本原则是坚持科学结论的客观性和普遍性,强调结论必须建立在观察和实验的经验事实上,通过经验观察的数据和资料来揭示一般性结论。实证研究方法的内涵可以概括为通过对实证研究对象的观察、实验和调查,获取客观材料,从个别到一般,归纳出事物的本质属性和发展规律的一种研究方法。实证研究法是本书所运用的重要研究方法,本书的实证研究内容包括澳门历史城区景观整体优化研究、皇城保护区旅游整体环境优化研究、北京世界文化遗产景区缓冲区建设、故宫遗产景区空间缓冲区建设、布达拉宫遗产管理研究、皇城保护区游客体验环境优化研究以及故宫游客管理实证研究(见表 1-4)。

表 1-4 实证研究内容总结

实证研究对象	实证研究内容
澳门历史城区	澳门历史城区景观整体优化研究
皇城保护区	皇城保护区旅游整体环境优化研究
北京世界文化遗产	北京世界文化遗产景区缓冲区建设
故宫遗产景区	故宫遗产景区空间缓冲区建设
布达拉宫	布达拉宫遗产管理研究
皇城保护区游客	皇城保护区游客体验环境优化研究
故宫	故宫游客管理实证研究

1.4.5 地图分析法

地图分析法是对地图所表现的各种要素和内容进行分析的方法。通过目视、图解、量算、数理统计或建立数学模型等方法提取支持研究结论的地图信息。地图分析法也是旅游地理学常用的分析方法。本书对地图分析法的应用较多,先是针对相关研究问题绘制地图,然后解读和分析不同主题的地图信息,为本书的相关研究结论提供有力的支持。本文地图分析法的内容总结见表 1-5。

表 1-5 地图分析内容总结

所 在 章 节	地 图 分 析 内 容
文化遗产景区整体环境优化研究	马莱区在巴黎市区所处区域
	马莱保护区《保护与价值重现规划》总图
	澳门城市空间发展过程
	澳门标志性眺望景观控制
	皇城保护区土地使用功能现状分布图
	皇城保护区不同风貌建筑现状分布图
	皇城保护区不同建筑高度现状分布图
	皇城保护区绿化空间现状分布图
文化遗产景区缓冲区建设研究	北京世界文化遗产空间分布图
	北京世界文化遗产空间缓冲区分析图
文化遗产景区游客管理环境研究	故宫内部游客服务设施空间分布图
	故宫内部游客无障碍通道空间线路图
	故宫游览交通路线图

第 2 章　文化遗产旅游研究

2.1　文化遗产旅游内涵

2.1.1　遗产内涵的发展演变

"遗产"的英文 heritage 源于拉丁语,该词大约产生于 20 世纪 70 年代的欧洲,其含义与"继承"(inheritance)的意思密切相连,通常是指从先辈那里流传和继承下来的东西(Prentice,1993)。美国在推动"遗产"一词新内涵发展方面起到了重要的作用。美国白宫会议于 1965 年提出设立"世界遗产信托基金"建议案并倡导共同保护"世界杰出的自然风景区和历史遗址",该理念于 1970 年被美国《国家环境政策》接受。随后美国在 1972 年公布的《人类环境活动计划》中提出尽快缔结《保护世界文化与自然遗产公约》的建议,联合国教科文组织最终接受了该建议并颁布了《世界遗产公约》和《各国保护文化与自然遗产建议案》(张朝枝,2008)。20 世纪末期"遗产"一词的外延得以不断扩大,其几乎囊括了人类所创文明的各个方面,"文化遗产""世界遗产"等一系列新的遗产概念开始出现并在世界各国传播(顾军、苑利,2005)。

联合国教科文组织在出台了《保护世界文化与自然遗产公约》之后,其所倡导的遗产范畴几乎成为任何主题的逻辑起点。为了能够更好地贯彻落实该公约,世界遗产委员会(World Heritage Committee)于 1976 年成立,该委员会专门负责遗产评估、监控、创立和技术等方面的工作,其工作的开展主要借助于三个独立的国际组织,即国际遗迹遗址理事会(International Council on Monuments and Sites)、保护和恢复文化遗产国际研究中心(International Center for the Study of the Preservation and Restoration of Cultural Property)和世界自然保护联盟(The International Union for the Conservation of Nature and Natural Resource)。随着相关事务的不断增加,1992 年在联合国教科文组织内又正式成立了世界遗产中心,即"公约执行秘书处",同时还设立了世界遗产基金(World Heritage Fund)(王艳平,2008)。世界遗产委员会每年召开一次会议,讨论决定哪些遗产可以列入《世界遗产名录》,并对已列入名录的世界遗产的保护工作进行监督指导。1985 年 12 月 12 日中国正式成为《世界遗产公约》的缔约国。1986 年中国政府着手我国世界遗产的申报工作。在世界遗产委员会第十一届全体会议上,中国的长城、故宫、敦煌莫高窟、秦始皇陵及兵马俑、周口店"北京人"遗址、泰山 6 处文化与自然遗产被列入《世界遗产名录》,从此开始,我国的"申遗"工作正式拉开了帷幕(张朝枝,2008)。

2.1.2　世界文化遗产内涵

国际上较公认的遗产划分标准是联合国教科文组织的相关规定与法案对遗产的分类方法。按照该分类办法,遗产被划分为文化遗产、自然遗产、非物质文化遗产。其中的文化遗产包括历史以及一个民族或国家的思想、价值与信仰,建筑物与纪念物,重要历史事件的发生地,艺术(文学、音乐、舞蹈、雕塑等),传统事件与节日活动,以及传统的生活方式。在我国,根据《国务院关于加强文化遗产保护的通知》的界定,遗产被分为文化遗产与自然遗产,其中文化遗产包括物质文化遗产和非物质文化遗产(张朝枝,2008)。

《保护世界文化与自然遗产公约》关于文化遗产的定义有三项,分为文物、建筑群和遗址三类:文物是指从历史、艺术或科学角度看,具有突出的普遍价值的建筑物、碑雕和碑画,具有考古性质的部件或结构、铭文以及联合体;建筑群是指从历史、艺术或科学角度看,在建筑式样、分布或与环境景色结合方面,具有突出的普遍价值的单立或连接的建筑群;遗址是指从历史、审美、人种学或人类学角度看,具有突出的普遍价值的人类工程或自然与人类联合工程以及考古遗址等地方。世界文化遗产是指经过联合国教科文组织相关审批程序,由世界遗产委员会正式列入《世界遗产名录》的文物、建筑群和遗址。

2.1.3　基于旅游地性质的遗产旅游内涵

目前对于遗产旅游,国内外还没有统一的定义,但针对其定义的已有研究成果来看,大部分研究者提出的遗产旅游定义是从旅游对象(供给)与旅游者动机(需求)两个方面出发的。Yale(1991)认为遗产旅游是"关注我们所继承的一切能够反映这种继承的物质与现象,从历史建筑到艺术工艺、优美的风景等的一种旅游活动"。换句话说,遗产旅游就是人们到特定遗产地的游览活动。该定义是从旅游地性质的角度来区别遗产旅游与其他旅游类型。但这种定义遭到了其他学者的置疑：反对者认为建立在旅游者游览动机基础之上的遗产旅游概念更便于对遗产旅游以及遗产与历史地管理的理解，同时也有助于理解遗产旅游作为一种以旅游者动机为核心而不是以对象为核心的现象的性质(张朝枝,2008)。

2.1.4　基于旅游者需求的遗产旅游内涵

在对基于旅游地性质的遗产旅游内涵提出异议的基础上,Yaniv Poria 等学者(2001)从旅游者需求角度给出了遗产旅游的定义:"遗产旅游是旅游的一种类型,这种旅游的主要动机是基于对目的地个人遗产归属感的感知"。与此同时,他们还对遗产旅游与历史旅游的内涵进行了区别:"历史旅游则是指另一种旅游活动,其旅游者的主要动机是因为目的地的历史属性而产生的"。遗产旅游的此种概念既强调了旅游者的动机,又说明了旅游者对目的地的个人感知。同时这一理论还强调理解旅游者的行为、动机与感知,将有助于遗产地的管理(张朝枝,2008)。但这种概念也很快被其他学者反对和批判,Brian Garrod(2001)等学者认为:其一,这个定义是一个"需求方"的定义,是根据旅游者的需求来进行定义的,但在实际的管理中我们将很难区分;其二,该定义使用了同义重复,假设遗产旅游是旅游者受目的地遗产性质影响而激起的旅游,很显然该目的地应该有遗产的特征,否则他们所进行的将不是遗产旅游而是其他某一种旅游;其三,从管理的角度来看,旅游者是否认为该遗产属于他们自己并没有多大意义;其四,旅游者对一个旅游地的感知很容易受到营销与广告的影响,一些非遗产地经常在宣传广告中贴上"遗产"的标签;其五,将遗产与历史分开是很难的,犹如将遗产与文化分开一样。

2.1.5　遗产旅游内涵总结

遗产旅游的内涵是不可能脱离遗产本身及其存在环境而独立存在的,因为不考虑遗产旅游地特殊性质的遗产旅游定义注定难以被界定和操作。与此同时,遗产旅游活动的主体和主导者始终是旅游者,所以遗产旅游的内涵理应包括人们在遗产地进行的旅游活动及游览感知。总体而言,遗产旅游的内涵与旅游地性质以及旅游者对遗产的感知均有关(张朝枝,2008)。然而,旅游地性质和游客需求两个要素在遗产旅游内涵里的地位却不是等同的:遗产地的特殊性质是遗产旅游概念界定的基础,而游客需求则是旅游者对已经界定完成的遗产地的游览感知和行为。基于上述分析,本书认为世界文化遗产旅游是指人们到往经过联合国教科文组织相关审批程序,由世界遗产委员会正式列入《世界遗产名录》的文物、建筑群和遗址游览体验的旅游活动。

2.2 文化遗产真实性

真实性是文化遗产所包含的重要内涵之一,它是文化遗产保护、传承及开发的基础。本书以真实性与文化遗产旅游可持续发展的内在联系为主线,对国内外相关文献进行系统梳理。首先从遗产科学和旅游科学两个领域出发,对真实性与文化遗产在概念上的渊源进行探讨;其次从旅游的“非真实性”批判及旅游对遗产的保护意义两方面探讨了真实性与文化遗产保护的关系;然后对真实性与文化遗产开发的相关文献进行了梳理,内容包括基于文化遗产自身真实性的遗产开发和基于游客真实体验的遗产开发两个部分;最后以经营管理模式及相关利益主体为核心,对真实性及文化遗产旅游管理的相关文献进行了归纳总结。

欧美旅游业发达国家的文化遗产旅游于 20 世纪 90 年代得以推广和发展,遗产在旅游业中的比例正在增长,而到遗产地旅游的游客数量更是增长迅速。随着我国旅游产业化的快速推进,文化遗产资源向旅游产品的转化及配套开发也已成为一种重要趋势。伴随文化遗产旅游在全球范围内如火如荼地开展,针对其现象与本质的探讨在学术界亦掀起了一股浪潮。曾有学者总结道:“文化遗产旅游的研究系统中,文化遗产资源及其特性研究是研究系统的基础,文化遗产旅游产品研究及文化遗产的保护研究是研究系统的核心,以两者为基点可扩散到旅游开发体系、行业管理体系、社区体系等子系统的研究,后三者是旅游产品体系的外部支撑系统。”(谢朝武、郑向敏,2003)由此可见,针对文化遗产旅游的研究内容组成了一个系统框架,其中文化遗产旅游可持续发展与真实性的讨论在文化遗产诸多研究议题中尤为引人关注,“真实性(authenticity)概念起自文化遗产科学,是现代遗产保护科学的灵魂、基本观念和准则”。它因 20 世纪五六十年代“文化和遗产旅游”(cultural and heritage tourism)的兴起而进入旅游领域,这有力地证明了旅游科学与遗产科学之间的联系(徐嵩龄,2008),“遗产资源的真实性是衡量遗产旅游产品质量和游客满意度的决定性因素,遗产旅游应注重体现遗产的真实性”(Chhabra,2003)。“遗产价值辨识的本质是如何认识遗产的真实性和完整性;遗产保护实际上是对遗产真实性、完整性相关要素的保护;遗产利用则应是以确保遗产真实性、完整性为前提的可持续利用”(张成渝,2010);“国际遗产界和旅游界对可持续遗产旅游制度的关注,重在处理旅游经营、遗产保护和遗产地社区发展三者关系”(徐嵩龄,2008)。综上所述,文化遗产旅游可持续发展的内容包含三个方面,即文化遗产保护、文化遗产旅游开发以及文化遗产旅游管理,而真实性则是文化遗产旅游可持续发展的核心因素。基于以上认识,本书将分别从文化遗产保护与真实性、文化遗产旅游开发与真实性以及文化遗产旅游管理与真实性三个方面探讨真实性与文化遗产旅游可持续发展的内在联系(见图 2-1)。

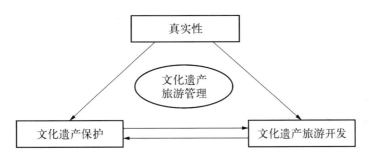

图 2-1　真实性与文化遗产旅游可持续发展的内在联系

2.2.1　文化遗产真实性概念

1) 遗产科学中文化遗产真实性内涵

遗产科学中的真实性概念是与文化遗产的传承和保护工作紧密相连的。在文化遗产领域,真实性一词最早用于博物馆,指一些精通文物的专家鉴定博物馆所收藏的艺术品是不是真品,或者是不是它们所宣称的那件物品,判断该物品与其要价是否相符(Trilling,1972)。而真实性概念成为国际遗产界重要术语并得到广泛认同,则始于影响深远的著名文献《威尼斯宪章》(ICOMOS,1964),从此以后世界文化遗产申报必须经受"真实性"检验。对文化遗产保护中真实性概念提出完整概念框架的文献则是《奈良文献》。《实施世界遗产公约操作指南》则反映了国际遗产界对真实性概念的最新共识(WHC,2005)。

2) 旅游科学中文化遗产真实性内涵

"真实性"进入旅游科学领域,发端于文化遗产界对当时文化和遗产旅游中"非真实性"(inauthentic)现象的批评。麦坎奈尔(MacCannell,1973)、波斯汀(Boorstin,1964)、赫温森(Hewinson,1987)、罗文赛(1985)等学者均隶属于对旅游过程中"非真实性"(inauthentic)现象的批评阵营。遗产界的这种持之以恒的批评,推进着旅游界对真实性概念的思考和研究,促进这一概念在旅游科学中的生根和发展(徐嵩龄,2008)。为了回应遗产界对旅游过程中出现的"非真实性"

的批判,以及促进文化遗产旅游可持续发展,国际旅游界学者们将旅游者真实体验的视角引入了真实性学说,从而形成旅游真实性学说并逐渐形成四种类型的不同观点,即客观主义真实性、建构主义真实性、存在主义真实性和后现代主义真实性。

旅游研究中的真实性问题与真实性的本来含义是具有一定差别的,其更加注重对旅游客体的研究(陈享尔等,2010)。客观主义真实性是从专家的客观标准看待旅游吸引物的真实性,其核心观点可以概括为:真实应是旅游吸引物的固有属性;可通过一定的标准和客观程序进行鉴别;旅游客体的真实性直接决定旅游活动的体验质量(MacCannell,1973;Boorstin,1964;Buck,1978);建构主义真实性认为旅游客体之所以被认为是真实的,不是因为它们本身是真实的,而是由于游客、旅游供给者等依据某种需要对其进行的建构,这种建构的真实随着社会的发展渐变为真正的真实(Wang,2000;Cohen,1988;Cohen,1979);存在主义真实性认为存在的真实强调的是旅游主体(旅游者)的真实存在状态,即真实是游客自身的一种感受,其与游客真实的自我体验相联系(Wang,1999;Berger,1973);后现代主义真实性认为真实性的参照系已随着技术的进步被打破,旅游产品中现实与虚拟、真实与复制的界限已被打破,所以真实性已无从谈起(Eco,1986;Culler,1981;McGregor,2000)。

通过上文对遗产科学、旅游科学中真实性概念与文化遗产关系的分析可以总结出三者之间在概念层面的渊源:遗产界提出真实性概念是出于定义、评估和监控遗产的目的,相关的研究成果主要反映在一系列国际公约及决议文件中;旅游科学中的真实性概念源于哲学领域的人类存在主义研究(张朝枝,2008),它在传统真实性概念的基础上加入游客真实性体验元素,其目的是回应遗产界对旅游过程中出现的"非真实性"的批判,以及促进文化遗产旅游可持续发展,目前旅游真实性观点已形成四种不同类型。由此可见,"遗产保护界的真实性争论是以考古学、博物馆学为基础,强调文化遗产客体保护的基本标准;而旅游研究领域的真实性争论则是以社会学为基础,强调从旅游主体实地体验的角度来讨论真实性问题"(张朝枝,2010)。换句话说,真实性概念既是文化遗产保护的准则,同时也是文化遗产旅游开发的基础。

2.2.2 真实性与文化遗产保护

"真实性是世界遗产保护中非常重要的概念,在旅游与遗产保护研究领域,真实性概念在遗产保护与旅游研究两个甚至多个学科领域之间交替出现,关注视角的不同导致对真实性概念的理解差异使旅游发展与遗产保护两个本已经矛盾重重的管理部门关系变得更加复杂"(张朝枝,2008)。事实上,基于真实性的文化遗产保护包含两个方面的内容:一是遗产界依据文化遗产真实性概念界定所实施的文化遗产保护实践,其中也包括防止由旅游开发导致的文化遗产破坏现象,其表现形式之一就是对文化遗产旅游过程中"非真实性"现象的批判;二是旅游界基于文化遗产真实性内涵,在旅游开发及旅游活动组织过程中对文化遗产的保护,目的是促成文化遗产旅游得到可持续的发展。

1) 文化遗产旅游"非真实性"的批判

正如上文所述,遗产界对文化遗产旅游"非真实性"的批判是其基于真实性内涵对文化遗产进行保护的一种表现。事实上,旅游界自身也意识到在开展旅游活动过程中文化遗产真实性遭到破坏的事实。在众多学者诸多批判的声音中,针对文化遗产商品化的批评尤为突出:格林伍德是第一个提出旅游中文化商品化概念的学者,他通过对西班牙巴斯克(Basque)地区全民性庆典仪式阿拉德的研究指出"把文化当作商品展示,这对政府只需花几分钟的时间,而这一做法却把具有 350 年历史的传统仪式毁于一旦"(戴维·格林伍德,2002);Hughes通过对苏格兰旅游局开发当地烹饪文化遗产的研究,得出旅游业已经摧毁了可以作为当地原真文化遗产基础的任何概念的结论(Hughes,1995);Go 等(2003)学者发现包装、开发及出售旅游产品导致目的地商品化以及当地文化的瓦解;Zeppel 认为舞蹈表演通常依据游客的"前理解"进行调整,导致了当地民族文化商品化、过于简单化以及本土性同质化(Zeppel,1998)。Turner 和 Ash 认为许多地方的传统文化制品已被按照西式风格生产的旅游纪念品所取代(Turner et al.,1976);Tosun 对过度商业化与旅游不可持续发展之间的关系进行了探讨(Tosun,1998)。国内学者也针对文化遗产旅游的"过度商业化"或"过分商业化"展开了研究:徐赣力从民俗旅游的视点出发,分析了民俗旅游中民族文化过分商业化的现象和被曲解、被加工等问题(徐赣力,2000);何佳梅等(1999)探讨了在旅游开发过程中目的地受到过度商业化侵蚀的内容。

文化遗产旅游商品化过程只会造成文化遗产真实性缺失的论点在后来遭到了诸多学者质疑,越来越多的研究结果显示:文化遗产保护与旅游开发之间不是单向发展的关系,而是存在复杂的内在联系。曾有学者经过研究后指出当地文化商业化能够复兴传统的文化形式或者改变它们,另一方面,文化商业化可能导致假冒的民俗文化(Alister et al.,1984);王宁(1999)认为旅游商业化的内在矛盾是人们寻求真实体验与旅游商品化所造成的旅游产品同质化、标准化和虚假化的矛盾,导致游客对旅游的关系可能呈现爱恨纠缠。事实上,旅游对文化遗产真实性保护具有其特殊的积极意义,关键问题在于能否依据文化遗产真实性内涵进行旅游开发,从而实现文化遗产旅游可持续发展。

2) 旅游对文化遗产真实性保护的积极意义

旅游活动的开展与文化遗产真实性保护之间并非背道而驰,二者只是从各自不同的角度提出对文化遗产真实性的理解。正如有些学者指出"旅游与遗产保护是一个互动演进与相互作用的过程,旅游与遗产保护两个研究领域对于真实性理解的演变与差异是一个动态、多元和复杂的问题。遗产保护研究领域强调客体本身衡量标准,讨论建构公认的遗产保护标准体系与技术指标;而旅游研究则强调主体的实地体验,讨论主体对客体'真''假'的辨别及其体验效果"(张朝枝,2008)。此外,旅游活动还在一定意义上起到建构文化遗产真实性的作用。"从文化变迁理论来看,旅游产品真实性的建构过程是对传统文化在旅游开发环境下进行艺术加工、提炼、重新阐释的过程,可以促使文化重构,这种重构可以创造原始本就没有或者原始虽有但旅游介入时已经没有的存在,在不改变原有本真基础上增添有助于保护的新本真,丰富非物质文化遗产的形式"(王艳平,2009)。Chhabra(2003)等认为文化遗产地旅游产品可感知的真实性则是衡量文化遗产地产品质量和游客满意度的重要标准之一。

2.2.3 真实性与文化遗产开发

真实性与文化遗产旅游开发二者之间的内在联系是学者们探讨的重要内容之一,有学者指出"真实性是文化遗产的价值所在,在旅游开发中真实性是旅游产品品质的保证"(蒋昕等,2007);还有学者认为"将世界遗产地开发为当地主要的旅游产品是一种必然选择,也是一种政策性博弈结果"(吴必虎等,2002)。

国内外学者针对文化遗产旅游开发模式的探讨则是另一个被广泛关注的课题,其研究成果多是围绕文化遗产自身的真实性内涵以及游客体验的真实性两个方面展开,此种研究思路契合了遗产界对遗产本身真实性的关注以及旅游界对游客在游览过程中真实性体验的关注。正如有些学者指出:对世界遗产的开发包括硬开发和软开发两个方面(李如生等,2002),对世界遗产旅游价值的软开发带来了旅游者满意度的提高,而针对遗产旅游的硬开发则是结合了世界遗产资源的类型与特点(梁学成等,2006)。

1) 基于文化遗产真实性内涵的旅游开发

"遗产地旅游产品真实性开发应体现的4个内涵:历史遗存真实性、文化脉络传承性、地域风格独特性、整体环境和谐性"(张薇等,2009)。基于文化遗产真实性内涵旅游开发模式的文献主要是从尊重遗产本身类型特点及真实性内涵的角度对开发模式进行立论。

a. 资源特征角度下的文化遗产开发

文化遗产旅游要达到依照遗产自身真实性内涵的目的,其旅游开发工作就必须在尊重真实性的基础上,深入挖掘文化遗产资源类型和自身特色。Chris Halewood 和 Kevin Hannam(Halewood et al.,2001)在研究海盗遗产旅游的真实性和商品化的修改后,提出海盗遗产旅游由博物馆、遗产中心、主题公园、改建的村落、季节性商贸会和"海盗复活"等参与性活动组成;孙艺惠等(2009)针对乡村景观遗产地的旅游开发模式进行了探讨;蒋海萍等(2009)通过对古村落型遗产地的研究,提出要实现古村落型遗产地可持续发展应实施社区参与的开发模式;王浩等(2009)针对元阳哈尼梯田的旅游进行研究后认为其开发内容必须在改善可进入性、产品和市场开发、管理模式创新、社区利益分配机制的完善、梯田的科学管理和保护上有所作为。

b. 空间布局角度下的文化遗产开发

无论是物质文化遗产还是非物质文化遗产均具有地域性特征。从空间布局角度出发研究文化遗产开发的学术成果,其核心内容是通过提出合理有效的空间分区方案对文化遗产真实性实施保护。Shetawy 等学者(2009)将埃及 Giza 地区金字塔密集区分为核心区、缓冲区和旅游区,目的是缓解旅游给遗产带来的破坏并促进金字塔旅游的可持续性发展;李欣华等(2004)对吐鲁番吐峪沟麻扎村旅游开发提出了双村模式旅游保护设想;刘德谦(2005)提出使古镇保护与旅游利用良性互动的双城模式。杨振之(2006)在对丽江古城进行研究后提出"前台、帷幕、后台"的文化遗产旅游开发模式;李创新等(2007)选择西安作为研究案例,提出根据历史老城区保存状况,开展不同的空间开发模式;彭建东等(2003)提出对历史街区和城市遗产采取"主题确定、功能定位"的开发模式。

c. 生态博物馆式文化遗产开发

生态博物馆是以社区为基础,以就地保护的方式进行原生态状况下的"活态文化遗产"的保护和展示(刘沛林等,2005)。一批学者借鉴了生态博物馆的理念建立文化遗产旅游开发模式:刘旭玲等(2005)通过对喀纳斯禾木图瓦村的研究,得出应采取生态博物馆加"公司＋村民＋政府"的经营管理模式;王云才(2006)等指出应该将传统村落划分为遗产性村落、特色性村落和保护性村落三种类型进行开发;薛群慧(2007)认为文化民俗村(与生态博物馆模式实质相同)

是活态文化保护与开发的一种载体。

2）基于游客真实性体验的文化遗产旅游发展

a. 游客体验与文化遗产旅游的内涵联系

谈到游客的真实性体验就需要先对"游客体验"的概念形成认识，在国外有关旅游体验的研究中，Cohen（1979）认为旅游体验是个人和一系列"核心"的关系，体验的源头是每个人的世界观，取决于个人是否依附于"核心"；MacCannell（1973）把旅游体验看成对现代生活困难的积极响应。Boorstin（1964）则把旅游体验理解为一种时尚消费行为，一种人为的、预先构想的大众旅游体验。游客的真实性体验则是在游览过程中，旅游者对文化遗产真实性内涵以及自身真实性的追求和感受过程。有学者指出游客对真实性的理解更合乎"客观主义真实性"，而旅游经营者所理解的"原真"并不是一成不变的，而是相对的、由环境决定的，是具有思想意识形成的，他们对真实性的理解更接近"结构主义真实性"（王晓晓、张朝枝，2007）。

游客的原真体验与文化遗产旅游有着密切的联系，感知的真实性是遗产旅游产品品质的量度标准，也是游客满意的决定因素。"遗产旅游是以知识性理解的观赏和体验为基本内容的。遗产旅游开发是为了帮助人们欣赏遗产并受到人类文化财富的启迪，最大限度地提供机会来提高人类的潜力，改善人类的生存状态和精神状态"（徐嵩龄，2005）；遗产旅游为游客提供一种在历史中领会和寻找自我的机会，旅游者会在历史中找到自己的身份认同，并根据前人所经历过的来探寻自己以后发展的方向（Steiner，Reisinger，2005）。

b. 游客真实性体验与文化遗产开发

国内外学者探讨文化遗产开发方式的研究成果中有相当一部分内容涉及游客真实性体验与文化遗产开发二者之间的联系，包括强调文化遗产开发过程中公众参与的重要性，还包括根据对游客真实性体验的实际调查结果提出文化遗产开发方式。Chaudhary（2000）通过调查研究到印度旅游的游客在"希望度"与"满意度"之间的差别，总结出基于游客感知的角度应对遗产旅游的形象做出哪些方面的改进；有学者通过研究游客对中国丽江家庭旅社定制化商品化真实性体验，指出旅游者对遗产旅游中公开的舞台化和人为创设的情境中定制化的商品化真实，同样报以欢迎的态度；Kolar（2010）等建立了一个将真实性与消费者相联系的模型，并指出消费者的真实性感知是文化遗产市场营销的基础；Herbert（2001）则对文学遗产地的旅游者真实性体验进行了系统研究，调查内容包括游客在游览过程中获取的与真实性体验相关的体验内容；田美蓉（2005）等以西双版纳傣族歌舞为例,研究了游客对歌舞旅游产品真实性的心理认识,以及各要素对游客真实性体验的影响;廖仁静(2009)等以南京夫子庙为例,从游憩者角度研究了这种定位于满足游憩者体验历史文化和商业消费综合性需求的景区"真实性"。

2.2.4　真实性与文化遗产旅游管理

真实性概念与文化遗产旅游管理之间存在紧密的联系:文化遗产真实性是遗产管理工作围绕的核心因素,保护和传承文化遗产的真实性是文化遗产管理目标之一。与此同时,合理有效的文化遗产管理工作也是继承和发展文化遗产真实性的重要保障。换句话说,有利于文化遗产保护、传承及发展的文化遗产管理举措是保障文化遗产可持续发展的重要工具。纵观国内外相关学术研究成果可以总结出:关于文化遗产管理的研究内容主要集中在两个方面,即文化遗产经营管理模式研究以及文化遗产相关利益主体研究。

1) 文化遗产旅游经营管理模式

a. 政府的开发管理作用

政府在文化遗产开发及管理过程中所起的作用是举足轻重的,政府及政府主导的旅游发展策略在遗产旅游地开发、经营和可持续发展中起着至关重要的作用(王咏等,2007)。Grrod 等(2000)通过调查特尔斐历史遗产的管理者、遗产地机构官员等相关人士,研究了政府管理的相关政策和限制因素,并评估了遗产旅游可持续发展的潜在策略;Michael Hull(2001)研究了政府旅游发展战略的实施与决策监控和评价之间的关系。Araujo(2002)等通过案例分析了政府决策模式中国家、区域和地方各级政府以及政府部门间的关系。

b. 社区参与开发管理

社区参与在文化遗产开发管理过程中有着特殊的地位,国内外学者针对社区参与文化遗产管理的相关议题展开了广泛讨论:Tosun(2001)对发展中国家社区参与的障碍因素及问题进行了分析;潘秋玲等(2002)认为社区参与在实施过程中受到经济发展水平、体制等诸多因素制约,阐述了社区一体化思想理念;胡志毅等(2002)分析和归纳社区参与演化进程,进而将社区参与旅游发展划分为个别参与、组织参与、大众参与和全面参与四个阶段;葛仁(2000)等提出以旅游股份合作制公司的形式实现社区参与的深层次转变;许春晓(2003)将"双筛法"作为社区居民参与旅游规划的一种技术程序和方法。

2) 文化遗产旅游利益主体

文化遗产旅游利益主体的概念及内容界定是学者们的重要讨论议题:

Freeman(1984)曾给出利益主体的概念。遗产地管理者、旅游经营者和社区居民与文化遗产管理之间的联系均有相关文献进行论述：Sautter 和 Leisen (1999)基于 Freeman 的相关研究成果，从旅游规划者的角度分析了各利益主体之间的关系；Carey 等学者(1977)认为旅游经营者的市场战略和经营策略在一定程度上决定了遗产地可持续发展。

2.2.5 文化遗产真实性与游客体验真实性

文化遗产资源发展的关键在于平衡遗产资源的保护与开发，平衡文化遗产保护与开发的核心问题则在于如何在保护文化遗产真实性的前提下满足游客的旅游体验。换句话说，世界文化遗产的可持续发展必须从遗产本体的真实性内涵和游客体验的真实性心理需求两方面求取答案。文化遗产保护工作的最终目的在于保护文化遗产的真实性，真实性原则是衡量文化遗产价值的标尺，也是文化遗产保护所需依据的关键。而文化遗产旅游开发最终目的则在于满足游客的游览体验，只有在游客从游览文化遗产过程中获得满意游览体验的条件下，遗产开发才能获取各种效益，同时也说明文化遗产开发工作是有效的。目前文化遗产旅游开发的主要模式是保护性开发和开发性保护，而这两种开发模式都面临着不能很好地兼顾游客真实性心理体验要求以及文化遗产本身真实性内涵的问题。因此，针对遗产真实性与游客体验关系的研究对于遗产资源保护与开发的均衡发展具有一定的价值和积极意义。

基于上述认识，本书以故宫为案例研究区域，针对文化遗产真实性内涵以及游客真实性心理体验之间的关系进行研究，并进一步探讨遗产真实性与游客体验间的关系如何指引文化遗产景区未来旅游发展方向。首先从旅游真实性学说出发进一步抽离出"遗产真实性"和"体验真实性"两个核心概念，然后借鉴数学集合理论思想构建两者之间的集合关系，最后基于所构建的文化遗产旅游真实性集合关系提出世界文化遗产旅游开发的新思路。

1) "遗产真实性"与"体验真实性"

"真实性"是由马丁·海德格尔在《存在与时间》(2000)一书中首次提出的(Pearce，Moscardo，1986)，此概念随着 20 世纪五六十年代"文化和遗产旅游"的兴起而进入旅游研究领域(徐嵩龄，2008)，并最终成为衡量遗产旅游产品质量和游客体验的决定性因素(Chhabra，2003)。文化遗产旅游与真实性学说有着天然的密切联系，"真实性"被认为是遗产旅游所要遵循的基本原则、发展得以提高的重要因素(Cohen，1998)以及核心的属性(Waitt，2000；Taylor，2001)。真实性理念为文化和遗产旅游的规划和设计提供了一个新价值观基点、视角和平台（罗佳明，2010），"正是旅游的商品化引发了有关旅游真实性的讨论"（白杨，2006）。而"在关注文化遗产旅游时有必要探讨文化遗产旅游能给旅游者提供些什么，以及旅游者希望从文化遗产旅游中获得些什么"（张宏梅，2010）。

依据不同研究载体对四种真实性学说的重新分类，是进一步抽离出"遗产真实性"与"体验真实性"两个概念的前提条件，同时也是本文构建游客体验与遗产真实性集合关系理论框架的基石。

a. 载体角度下的旅游真实性分类

关于旅游体验的"真实性"研究主要是依据旅游客体和旅游主体两个载体进行立论（陈享尔、李宏，2010）。客观主义真实和后现代主义真实的着眼点在于旅游客体的真实性，其中客观主义真实认为真实性是旅游客体固有的特性，支持这种观点的学者是从客观的、博物馆学的角度来看待真实性，他们强调被旅游的客体与原物完全对等（李旭东、张金岭，2007）；后现代主义真实则完全否认了旅游客体的"真实性"概念，认为仿真比原物更加真实，已达到了一种完美的"超现实"（Baudrillard，1988）。建构主义真实则是学者研究真实性的焦点从旅游客体转向旅游主体的过渡阶段，是在承认旅游客体存在真实性的前提下，加入旅游体验真实性感受的新元素。存在主义真实是以旅游主体为研究载体的真实性学说，此类学者对真实性的理解是从游客而不是从旅游客体的角度出发的（李旭东，2008）。

（1）以旅游客体为载体的真实性学说。虽然客观主义真实与后现代主义真实均关注旅游客体的真实性研究，但其具体的观点却有着本质的区别。客观主义真实性学说是从专家的客观标准看待旅游吸引物的真实性。马康纳（MacCannell）（1973）提出"舞台化真实理论"，其核心观点可以概括为：真实应是旅游吸引物的固有属性；可通过一定的标准和客观程序进行鉴别；旅游客体的真实性直接决定旅游活动的体验质量。伯斯汀（Boorstine）（1992）进一步指出由于商业化以及产品的同质化和标准化影响，大众旅游成为"伪事件"。巴克（Buck，1978）针对马康纳划分的六种旅游环境指出：旅游者只能进入其中的前四种（前台、装饰的前台、后台化的前台、开发的后台），而无法进入真实的后台。随着研究的深入，"真实的复制"（Bruner，1994）这一概念被提出，从而使绝对的客体真实被相对的客体真实所取代。

后现代主义理论的兴起提供了分析和思考后现代社会中很多现象的全新视角，此种理论同样影响着学者对真实性的研究观点。后现代主义真实的代表作是 Eco（1986）的《超现实世界中的旅游》，他认为真实性的参照系已随着技术的进步被打破,旅游产品中现实与虚拟、真实与复制的界限也被打破,所以真实性已无从谈起。迪斯尼乐园的巨大吸引力和成功运营是此种观点的最好例证。Culler(1981)也在这个时期指出现代旅游业创造了一个符号系统,旅游者消费的是各种标识物,而不是景色本身。麦格雷戈(McGregor)(2000)指出随着游客向后现代主义旅游者的转变,其对旅游遗产真实性的要求将逐渐减弱,埃斯普利特(Asplet)和库柏(Cooper)(2000)通过对新西兰纪念服的文化设计研究验证了麦格雷戈的观点。随着后现代主义真实性学说影响力的扩大,学者们开始针对是否要彻底抛弃"客观真实性"的概念提出了不同观点:雷辛格(Reisinger)和斯坦纳(Steiner)(2006)从海德格尔的存在理论出发,提出应放弃旅游客观真实性的概念,而拜耳哈森(Belhassen)和卡顿(Caton)(2008)从旅游研究的多学科交叉特点以及旅游实践的应用需要出发,否定了雷辛格和斯坦纳的观点。

(2) 载体过渡阶段的真实性学说。建构主义者认为旅游客体之所以被认为是真实的,不是因为它们本身是真实的,而是出于游客、旅游供给者等依据某种需要对其进行的建构,这种建构的真实随着社会的发展渐变为真正的真实(Wang,2000)。关于建构主义真实性的研究成果较为丰富:科恩(Cohen)(1979)提出"舞台猜测模式",区别了旅游客体的真实和游客主观感知的遗产真实性,随后又阐述了五类旅游模式中游客判断旅游体验真实性所持的不同标准;瑞德芙特(Redfoot)(1984)依据旅游者对真实性要求的程度不同,将游客分为四种类型;利特雷尔(Littrel)(1993)等研究了游客从哪几个方面定义旅游纪念品的真实性;埃伦特劳特(Ehrentraut)(1993)通过对日本民俗建筑真实性的分析,将真实性与社会意识形态联系起来;希尔维尔(Silver)(1993)研究了旅游经营者如何根据游客的类型进行建构及促销真实性;麦金托什(McIntosh)和霍克斯(Prentice)(1999)通过研究游客在文化遗产旅游中的三个思维过程,得出旅游体验是受多因素影响的结论。威特(Waitt)(2000)分析了游客的社会人口学特征与真实性体验之间的关联关系。福西特(Fawcett)和科马克(Cormack)(2001)研究旅游生产者的自身需求,从而对真实性采取现实主义、理性主义和折中主义的方式。雷维拉(Revilla)和多德(Dodd)(2003)研究发现游客是从外观、文化内涵、生产地、购买难度、价格等方面鉴别墨西哥土产陶器的真实性。

(3) 以旅游主体为载体的真实性学说。存在主义真实着眼于旅游主体的本真体验。王(Wang)(1999)明确提出"存在的本真"这个概念。存在主义者认为存在的真实强调的是旅游主体(旅游者)的真实存在状态,即真实是游客自身的一种感受,它与游客真实的自我体验相联系(Neumann,1992;Turner,1988;

Hughes,1995)。即使被旅游的客体是完全虚假的,游客可能还是在追求一种真实性,即一种替换的、由旅游活动激发的存在的真实性,而存在的真实强调的是旅游主体的真实存在状态。游客在某种旅游活动的激发下,毫不关心被旅游的客体的真实性,只是借助于旅游活动或旅游客体寻找真实的自我(刘正江,2008)。

b.“遗产真实性”与“体验真实性”内涵

“遗产真实性”和“体验真实性”的概念是在将四种真实性学说依据研究载体进行分类的基础上抽象出来的。具体而言,“遗产真实性”是从以客体为载体的真实性学说(客观主义真实和后现代主义真实)以及载体过渡阶段的建构主义真实中抽象出的概念;而“体验真实性”是从以主体为载体的存在主义真实以及载体过渡阶段的建构主义真实中抽离的概念。事实上,已经有学者针对相关议题进行了研究:汉德勒(Handler)和萨克斯顿(Saxton)(1988)曾经指出“真实世界”(real world)和“真实自我”(real selves)的区别;塞尔温(Selwyn)(1996)则抽象出“冷真实”(cool authenticity)和“热真实”(hot authenticity)两个概念。

基于前人的研究成果,本书对“遗产真实性”与“体验真实性”的内涵进行了界定。“遗产真实性”指不同的游览主体秉持客观的角度来看待文化遗产的真实性,力求从文化遗产本身探寻其固有的真实性,并尽量避免掺杂自身的主观认知。但由于观察者们有着不同的背景、目的和视角,导致他们所得出的文化遗产真实性内涵的结论不可避免地融入了主观判断和感受,从而使不同的主体得出“遗产真实性”的不同内涵。也就是说,针对同样的文化遗产,其“遗产真实性”所包含的内容是无穷尽和始终变化的。“体验真实性”是指游客从自身和本体出发,通过游览的过程或者其他的信息渠道,对文化遗产的遗产真实性所产生的体验真实性感受。“体验真实性”与“存在主义真实”是相互联系又相互区别的概念,存在主义真实是游客在毫不关心旅游遗产真实性的情况下,借助于旅游活动或旅游客体寻找真实的自我,虽然“体验真实性”也是从游客的主观感受出发,但其最终的着眼点是体验文化遗产的真实性,是游客的存在主义真实性感受融入建构主义真实性内容的结果。

2)“遗产真实性”与“体验真实性”集合关系

a. 集合关系类型划分

本书从旅游真实性学说对其研究载体的不同观点中抽离出“体验真实性”和“遗产真实性”两个概念之后,进一步引用代数集合理论思想建立两者的内在联系,从而建立起“体验真实性”和“遗产真实性”之间的五种集合关系——相离关系(Separation relation)、相交关系(Intersection relation)、包含关系Ⅰ(Inclusion relation Ⅰ)、重合关系(Superposition relation)和包含关系Ⅱ(Inclusion relation Ⅱ)。由于文化遗产资源的旅游开发要综合考虑文化遗产的真实内涵和游客的真实性体验,所以文化遗产的开发工作需要建立在对文化遗产"遗产真实性"和"体验真实性"集合关系形成认知的基础之上。下文给出了五种集合关系的具体内涵:

(1) 相离关系(Separation relation)。游客体验真实性体验内容与文化遗产的遗产真实性内容完全不同,游客的主体体验内容全部选取了文化遗产本身真实性以外的内容为感知对象。

(2) 相交关系(Intersection relation)。游客体验真实性体验内容与文化遗产的遗产真实性内容只有一部分相同,除了相同部分是游客的体验真实性体验选取了文化遗产的遗产真实性内容以外,其他的体验内容都与文化遗产本身无关。

(3) 包含关系Ⅰ(Inclusion relation Ⅰ)。游客体验真实性体验内容包含了文化遗产的遗产真实性的所有内容,即游客的真实体验内容除了文化遗产所包含的所有真实性内涵以外还包括其他的内容。五种集合关系还可以用表2-1所列的代数表达式表示出来。

(4) 包含关系Ⅱ(Inclusion relation Ⅱ)。文化遗产的遗产真实性内容包含了游客的体验真实性体验内容,即游客真实性体验内容仅选取了文化遗产的遗产真实性内容的一部分,且再无其他内容。

(5) 重合关系(Superposition relation)。游客的体验真实性体验内容与文化遗产的遗产真实性内容是相互重合的关系,即两者所包含的内涵完全等同,这种关系是比较理想化的状态(见表2-1)。

表2-1 游客真实性体验集合关系代数表达式

集合关系 The set relationships	代数表达式 Algebra expressions
相离关系 Separation relation	$A\not\subset B$ and $B\not\subset A$
相交关系 Intersection relation	$A\cap B$ and $A\neq B$

集合关系 The set relationships	代数表达式 Algebra expressions
包含关系Ⅰ Inclusion relation Ⅰ	$A \subseteq B$ and $A \neq B$
包含关系Ⅱ Inclusion relation Ⅱ	$A \supseteq B$ and $A \neq B$
重合关系 Superposition relation	$A \subseteq B$ and $B \subseteq A$

注:"A"代表"遗产真实性";"B"代表"体验真实性"

文化遗产旅游"遗产真实性"与"体验真实性"的五种集合关系之间蕴涵着逐级演进的规律——即游客的体验真实性不断向遗产的遗产真实性靠近并最终超过遗产真实性的演变过程。具体而言,相离关系中的体验真实性与遗产真实性没有丝毫联系,二者处于相互游离的状态;相交关系中体验真实性与遗产真实性之间发生了部分内容的重合;包含关系Ⅱ中的体验真实性内容则完全被包含于遗产真实性的内容中;到了重合关系阶段,游客的体验真实性内容与遗产的遗产真实性完全重合;而进入包含关系Ⅰ阶段,游客的体验真实性内容除了包括遗产真实性所有内涵之外,还衍生出了其他的主体感受。

b. 集合关系理论框架图

综合上文的相关内容,本书最终构建出"遗产真实性"与"体验真实性"集合关系理论框架图(见图 2-2),该框架共由五个层次组成:第一层次为"学说层",分别列出学界已经存在的四种真实性学说,即客观主义真实、建构主义真实、后现代主义真实和存在主义真实;第二层次为"载体层",该层次的划分依据是上文所述"载体角度下的旅游真实性"的相关内容;第三层次为"概念层",主要是从三种不同载体的内涵以及相互联系中抽离出"遗产真实性"和"体验真实性"两个新的概念;第四层次为"关系层",核心思想是运用代数集合关系模型建立第三层次抽离出的"遗产真实性"和"体验真实性"两个概念之间的集合关系;第五层次为"开发层",它是在运用集合关系建立"遗产真实性"与"体验真实性"内在联系的基础上,概括出文化遗产资源开发的新思路。以上五个层次之间是逐级递进和引申的关系,即每一层次的内容都是上一层次内容的相关引申和递进,每一个层次的内容同时又是建立下一个层次的基础,层次与层次之间具有密切的相互联系。

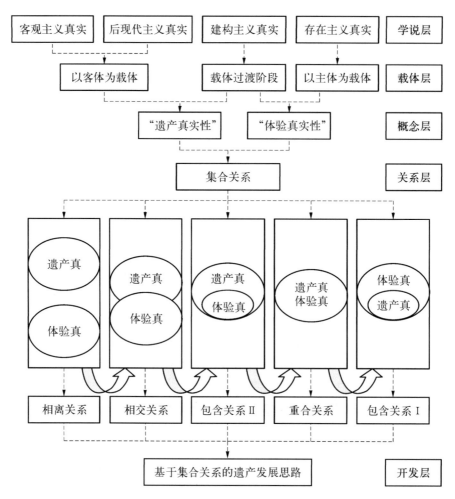

图 2-2　集合关系理论框架图

注:"遗产真实性"简称"遗产真";"体验真实性"简称"体验真"

3) 集合关系的实践意义

集合关系的实践意义在于为文化遗产开发工作提供了新的发展思路:

a. 文化遗产初期开发阶段应重点把握集合关系里的包含关系Ⅱ和重合关系,兼顾考虑相离关系、相交关系和包含关系Ⅰ。

文化遗产初期开发工作由于受到软硬件条件的限制,其开发目标只能定位在挖掘遗产本身真实性内涵的同时满足大多数游客的体验真实性需求。与此相对应,此阶段的开发工作应着重考虑遗产的遗产真实性与游客体验真实性之间的包含关系Ⅱ和重合关系,同时兼顾其中的相离关系、相交关系和包含关系Ⅰ。

b. 文化遗产发展阶段应着重考虑集合关系里的相离关系、相交关系和包含关系Ⅰ，从而满足少数群体的特殊游览需求。

文化遗产在经过初期开发工作之后，其旅游接待设施以及人员素质均得到了提高，基本可以满足大多数游客的游览及体验需求，下一步开发的重点就是针对遗产本身真实性内涵深入挖掘的同时进一步满足少数群体的特殊游览需求，而文化遗产真实性的次要集合关系正反映了具有特殊体验需求的少数群体。所以文化遗产深入开发阶段应着重考虑集合关系里的相离关系、相交关系和包含关系Ⅰ。

c. 文化遗产发展过程中要兼顾游客对于真实性集合关系的感知差异，设计出多元化及个性化文化遗产旅游开发方案，从而满足不同类型游客对于体验真实性的心理需求。

基于"遗产真实性"与"体验真实性"关系的系统研究可知：文化遗产发展较为理想的状态是实现遗产的真实性内涵与游客真实性体验内容二者的统一，即努力实现遗产真实性与游客体验真实性之间集合关系中的重合关系。

2.2.6 文化遗产真实性研究框架解读

本节核心内容是以真实性与文化遗产旅游可持续发展的内在联系为主线，对国内外相关文献进行系统梳理，并在文献研究的基础上提出遗产真实性与体验真实性的集合关系模型。文章主体内容包括四个部分（见图2-3）：首先对真实性与文化遗产在概念上的渊源进行探讨；其次探析了真实性与文化遗产保护的关系；然后对真实性与文化遗产开发的相关文献进行了梳理；最后提出遗产真实性与体验真实性的集合关系模型。得出结论如下。

（1）针对文化遗产旅游的研究文献组成了一个系统框架，其中，文化遗产旅游可持续发展与真实性的讨论在文化遗产诸多研究议题中尤为引人关注。文化遗产旅游可持续发展的内容包含三个方面，即文化遗产保护、文化遗产旅游开发以及文化遗产旅游管理，而真实性则是文化遗产旅游可持续发展的核心因素。

（2）真实性与文化遗产的概念渊源要从遗产科学与旅游科学两个角度进行探究。遗产界提出真实性概念是出于定义、评估和监控遗产的目的，相关的研究成果主要反映在一系列国际公约及决议文件中；旅游科学中的真实性概念在传统真实性概念基础上加入游客真实性体验元素，其目的是回应遗产界对旅游过程中出现的"非真实性"的批判，以及促进文化遗产旅游可持续发展，目前旅游真实性观点已形成不同类型内容。

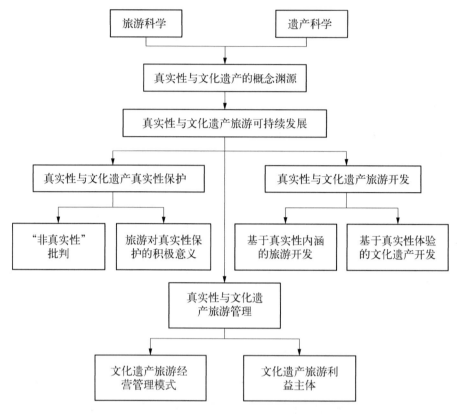

图 2-3　真实性与文化遗产可持续发展内在联系框架图

（3）基于真实性的文化遗产保护包含两个方面内容：一是遗产界依据文化遗产真实性概念界定所实施的文化遗产保护实践，其中也包括防止由旅游开发导致的文化遗产破坏现象，其表现形式之一就是对文化遗产旅游过程中"非真实性"现象的批判；二是旅游界基于文化遗产真实性内涵，在旅游开发及旅游活动组织过程中对文化遗产的保护，目的是促进文化遗产旅游可持续发展。

（4）基于文化遗产真实性内涵的旅游开发模式相关研究主要是从尊重遗产本身类型特点及真实性内涵的角度对开发模式进行立论。研究成果多是围绕文化遗产自身的真实性内涵以及游客体验的真实性两个方面展开，此种研究思路契合了遗产界对遗产本身真实性的关注以及旅游界对游客在游览过程中真实性体验的关注。

（5）文化遗产真实性是遗产管理工作围绕的核心因素，保护和传承文化遗产真实性是文化遗产管理目标之一。文化遗产经营管理模式研究以及文化遗产相关利益主体研究是国内外相关学术研究成果的重要内容。

2.3　文化遗产与城市发展

旅游业的发展对于建设世界城市具有举足轻重的作用。世界城市的一个显著特点就是第三产业在产业结构中所占比重都在 80％以上，而旅游产业又是第三产业中的重要组成部分，可以说旅游业是世界城市发展的重要经济支撑；旅游业的发展是拉动世界城市消费的重要动力，旅游消费是最终消费和综合性消费，在社会总需求特别是居民消费需求中占有特殊地位。发达的旅游产业为世界城市带来了旺盛的旅游消费，为当地经济社会的发展提供了强大而持久的动力；旅游业发展是世界城市稳定就业的重要手段，旅游产业具有就业容量大、层次多的特点，对于扩大就业规模、促进社会稳定有不可替代的作用；旅游业的发展水平是城市国际化水平的重要标志，世界城市都是国际交通便利、对外交往频繁的地区，是企业总部、国际组织、国际会议的聚集地，国际交往功能十分发达。由于在国际机构数量、国际交流活动、国际交往设施、国际人口规模等方面具有明显优势，世界城市每年都吸引了大批游客参观访问。每年到伦敦、纽约、东京、巴黎旅游的国际游客均在 500 万人以上，有的甚至已经达到 1 500 万人以上，巨大的国际旅游人口的流动，有力地促进了世界城市的商品、资本、信息、技术和人才的流动，也进一步提高了城市的知名度和国际影响力。

2.3.1　世界城市发展研究

世界城市在全球经济发展中扮演着日益重要的作用，建设世界城市是当今世界共同关注的重大课题。全球化改变了原有的世界发展格局，原来以冷战为主的发展方式已经转变为以新的金融发展、科技创新和文化创意产业为主的竞争方式。21 世纪是国际化大都市，特别是世界城市之间竞争的世纪。世界城市作为全球经济社会中心必将在未来成为全球的经济、社会、文化发展的主导者。世界城市是全球经济社会文化活动的制高点，一个城市富可敌国的现象是现代全球经济发展的真实写照。联合国人居项目《全球化世界中的城市（全球人类住区报告 2001）》指出：到 2030 年，世界城市人口将由 2001 年的 30 亿增长到接近50 亿，城市人口比例将由 48％增加到 60％以上。其中，经济最不发达国家的城市化速度将最快，发展中国家的城市化速度快于发达国家。目前，一些新兴国家的部分城市正快步走向国际化大都市，并且这种趋势还在继续蔓延。建设世界城市已经成为当今世界共同关注的重大课题。

1) 世界城市研究起始阶段

早在 1889 年,德国学者哥瑟(Coethe)就曾使用"世界城市"一词描述当时的罗马和巴黎。1915 年,英国城市和区域规划大师格迪斯在其所著的《进化中的城市》一书中明确提出"世界城市"这一名词,它指的是"世界最重要的商务活动绝大部分都须在其中进行的那些城市",并用"世界城市"标识了国家首都城市的领导作用(例如巴黎和柏林)以及商业和交通网络系统中的工业中心城市(例如芝加哥)。针对世界城市进行系统研究的是从事现代世界城市研究的英国地理学家、规划师彼得·霍尔(Petter Hall),他在其所著的《世界城市》一书中从政治、贸易、通信设施、金融、文化、技术和高等教育等多个方面对伦敦、巴黎、兰斯塔德、莱茵-鲁尔、莫斯科、纽约、东京 7 个世界上具有国际影响力的城市进行了综合研究,认为这些城市居于世界城市体系的最顶端。与此同时,霍尔还对世界城市的概念内涵给出了全面解释:世界城市专指那些已对全世界或大多数国家发生经济、政治、文化影响的国际第一流大都市,具体包括以下几个方面的内涵:① 主要的政治权力中心;② 国家的贸易中心;③ 主要银行所在地和国家金融中心;④ 各类专业人才聚集的中心;⑤ 信息汇集和传播的地方;⑥ 大的人口中心而且集中了相当比例的富裕阶层人口;⑦ 娱乐业已成为重要的产业部门(霍尔,1982)。

2) 世界城市研究形成阶段

a. 跨国公司研究与世界城市等级位序研究

跨国公司在 1960 年之后得到了迅猛的发展,它在全球范围内带动了资金、技术、劳务、商品在各国的流动,从而推动了贸易自由化和金融自由化的发展。跨国公司成为经济全球化的主要载体,在全球经济中的地位和作用日益显著,因此引起了世界城市研究学者的注意。新的城市政治经济学研究方法在结构主义方法论的影响下出现了,有学者在这方面做出了开拓性工作,实现了世界城市研究的"经济转向"(economic turn)。在联系日益密切的全球经济中公司决策机制是至关重要的,跨国公司总部往往倾向于集中在世界的主要城市:纽约、伦敦、巴黎、波恩、东京等。因此可以采用拥有跨国公司总部数量的多少来对世界城市的重要性进行排序。自 1955 年《财富》(Fortune)杂志首次公布了美国 500 家最大工业公司和国外 100 家最大公司后,有关跨国公司的资料日益丰富和完整,利用跨国公司总部的区位来研究世界城市位序就成为最基本的方法之一。

b."新国际劳动分工"理论与世界城市等级位序研究

利用跨国公司总部的区位来研究世界城市的做法没有将城市纳入全球城市网络中进行研究,基于前人的研究成果,学术界针对经济全球化进程中劳动分工的国际化趋势提出"新国际劳动分工"理论(the new intenational division of labor),该理论认为新国际劳动分工是沟通跨国公司经济活动与世界城市体系的重要桥梁,城市成为新国际劳动分工的协调和控制中心。新国际劳动分工体现了世界经济格局变化,具体表现为跨国公司影响下国际制造业扩散与由此产生的服务业国际扩散(宁越敏,1991)。弗洛贝尔(1980)认为新国际劳动分工不同于以往的殖民化国际分工,它是以劳动密集型制造业向发展中国家转移为代表,重构了发展中国家与发达国家的生产联系,体现了世界范围内以城市为依托的生产与控制的等级体系。

c."世界城市假说"与世界城市等级位序研究

弗里德曼从 Frobel、Cohen 等的新国际劳动分工研究中得到启示,提出了著名的"世界城市假说"(world city hypothesis)。1981 年,弗里德曼发表了《关于世界城市未来的札记》一文,开始关注世界城市的研究。1982 年他和沃尔夫合作完成的论文《世界城市形成:研究和行动议程》对世界城市的形成做了进一步探讨(Friedmann,Wolff,1982)。1986 年弗里德曼在《环境和变化》杂志上发表了《世界城市假说》一文,提出了七大著名论断和假说,从而为世界城市理论的形成奠定了重要基础(Friedmann,1986):① 一个城市与世界经济的融合形式和程度以及它在新国际劳动地域分工中所担当的职能将决定该城市的任何结构转型;② 世界范围内的主要城市均是全球资本用来组织和协调其生产和市场的基点,由此导致的各种联系使世界城市成为一个复杂的空间等级体系;③ 世界城市的全球控制功能直接反映在其生产和就业结构上;④ 世界城市是国际资本汇集的主要地点;⑤ 世界城市是大量国内和国际移民的目的地;⑥ 世界城市集中体现产业资本主义的主要矛盾,即空间与阶级的两极分化;⑦ 世界城市的增长所产生的社会成本可能超越政府财政负担能力。世界城市假说的实质是关于新的国际劳动分工的空间组织理论,它将城市化过程与世界经济力量直接联系起来,为世界城市研究提供了一个基本的理论框架。弗里德曼继续和延伸了他 20 世纪 60 年代空间结构理论的思想,着重研究了世界城市的等级层次结构并对世界城市进行了分类。1986 年,他把世界城市的特征概括为:主要金融中心;跨国公司总部;国际化组织;商业服务部门高速增长;重要的制造中心;主要交通枢纽和人口规模。最终他根据这些指标将伦敦、巴黎、法兰克福、纽约、东京等9个城市划为发达国家的主要世界城市，圣保罗和新加坡划为发展中国家的主要世界城市。但是由于缺乏世界城市的完整统计资料，或者是有些指标本身难以测度，所以弗里德曼当时提出的世界城市分类方案仍存在一定的局限性。1995年弗里德曼又增加了人口迁移目的地这个指标，并改变了以往区分核心国家和边缘国家的做法，而是按照城市所连接的经济区域的大小重新划分了世界城市，这是迄今为止最具影响力的世界城市等级分类。

d. 其他世界城市等级位序研究

在弗里德曼提出"世界城市假说"之后，针对世界城市等级位序的研究迅速开展起来：Thrift（1989）接受了弗里德曼的基本思想，但其更强调服务功能的重要性，据此他选择了公司总部数量和银行总部数量2个指标界定世界城市，最终将世界城市分为三类，即全球中心（纽约、伦敦、东京）、洲际中心（巴黎、新加坡、香港、洛杉矶）、区域中心（悉尼、芝加哥、达拉斯、迈阿密、檀香山、旧金山）。以研究大都市带而著称的美国学者戈特曼也提出了界定世界城市的三大指标，他认为"脑力密集型"产业是世界城市最重要的标志，同时他还注意到政府权力中心对世界城市形成的重要作用。在他列出的世界城市名单中除了伦敦、巴黎、纽约、东京、莫斯科、兰斯塔德、莱茵-鲁尔区等以外，还包括北京、圣保罗、汉城、墨西哥等新兴的世界城市。伦敦规划咨询委员会在讨论如何促进伦敦可持续发展、维持其世界城市地位时，从基础设施、财富创造能力、增加就业和收入、提高生活质量等4个方面对世界城市进行比较和分类；有学者认为以功能分类的方法来界定世界城市可能更有效，于是他提出了世界城市的3个判别标准：① 跨国商务活动，由进入城市的世界500强企业数来衡量；② 国际事务，由进入城市的非政府组织和国际组织数来衡量；③ 文化集聚度，由该城市在国家中的首位度来体现。Simon（1995）认为世界城市就是全球化经济社会活动在空间上的基点，世界城市的判别标准如下：第一，存在一个完整的金融和服务体系，以服务于国际机构、跨国公司、政府和非政府组织等客户；第二，发展成一个全球资本流、信息流和通信流的集散地；第三，有高质量的生活环境，能够吸引和挽留有专长的国际移民、技术人才、政府官员和外交官。Beaverstock 和 Taylor 等（1999）则从会计业、广告业、银行业和法律服务业等高等级服务业方面入手对世界城市进行等级划分，他们将55个世界城市划分为三个层次：10个α级城市、10个β级和35个γ级城市。从表2-2中可以看出各个学者对世界城市进行等级划分的指标和结果。

表 2-2　不同学者判别世界城市的指标与结果比较

研究者	假设或指标	世界城市划分
弗里德曼 （1995）	与世界经济融合的职能； 空间组织的协调基点； 全球经济的控制能力； 国际资本的积累之地； 国际和国内移民的终点； 空间和社会极化严重； 较高的社会代价	1. 全球金融协调者：伦敦、纽约、东京 2. 多国协调者：迈阿密、洛杉矶、法兰克福、阿姆斯特丹、新加坡 3. 重要国家协调者：巴黎、苏黎世、马德里、墨西哥城、圣保罗、汉城、悉尼 4. 区域协调者：大阪、旧金山、西雅图、休斯敦、芝加哥、波士顿、渥太华、多伦多、蒙特利尔、香港、米兰、里昂、巴塞罗那、慕尼黑、莱茵-鲁尔区
哥特曼 （1989）	人口； 高强度脑力劳动产业； 政治权利	1. 现有世界城市：伦敦、巴黎、莫斯科、纽约、东京、兰斯塔德、莱茵-鲁尔区 2. 相对新的世界城市：华盛顿、北京、日内瓦 3. 正在形成的世界城市：芝加哥、洛杉矶、旧金山、蒙特利尔、多伦多、大阪、悉尼、苏黎世
司瑞福 （1989）	大公司总部； 银行总部	1. 全球中心：纽约、伦敦、东京 2. 洲际中心：巴黎、新加坡、香港、洛杉矶 3. 区域中心：悉尼、芝加哥、达拉斯、迈阿密、檀香山、旧金山
伦敦规划委员会 （1991）	良好的基础设施； 来自国际贸易和投资的财富创造； 服务于国际劳动市场的就业和收入增加； 满足国际文化和社会环境需求的高生活质量	1. 综合性世界城市：伦敦、巴黎、纽约、东京 2. 多项职能的世界城市 （1）文化和知识中心：哥本哈根、柏林、罗马、马德里、里斯本、布鲁塞尔 （2）金融和商业中心：苏黎世、阿姆斯特丹、香港 （3）交通中心：法兰克福、米兰、芝加哥、波恩

资料来源：蔡建明."世界城市"论说综述[J].国外城市规划,2001(6)：32-36.

3) 世界城市研究发展阶段

进入 20 世纪 90 年代后,随着冷战的结束以及全球化进程全面加速,世界城市化也进入新的发展阶段,发达国家处于再城市化和城市复兴阶段,发展中国家则进入更快速、更全面的城市化阶段,国与国之间的竞争越来越表现为城市间尤其是国际大都市间的竞争,有关世界城市的研究越来越成为国际城市学界的热点,研究成果不断涌现。

a."全球城市"(global city)假说

与弗里德曼从宏观的角度来研究世界城市的发展相比较,萨森着重从微观的角度即企业区位选择的角度来研究全球城市。萨森(1994)认为全球城市在世界经济中发展起来的关键动力在于其集中优良的基础设施和服务,从而使它们具有了全球控制能力。萨森还对纽约、伦敦、东京做了大量的实证分析,指出这3个城市是主要的也是真正全球化的城市(尤其是东京的地位明显上升),它们位于世界城市体系金字塔的顶端,构成了一种清晰的新的城市形态——全球城市。在这个“全球城市三角”之间已经形成了一种全面的互补关系而不是竞争关系,它们一起覆盖了世界所有时区范围,由此控制着全球经济系统的运行(Sassen,1991)。萨森将全球城市的基本特征总结为以下四点:① 高度集中化的世界经济控制中心;② 金融和特殊服务业的主要所在地;③ 包括创新生产在内的主导产业的生产场所;④ 作为产品和创新的市场。

b. “网络城市”(network city)

新的信息和通信技术在过去的 20 年里对城市发展产生了巨大的影响,日益发达的全球通信网络在世界城市的形成和发展中发挥了关键作用。智能建筑、电信港、光纤以及其他关键技术已成为正在浮现中的信息化城市基础设施的一部分,这些电信设施的建设和扩张对一个城市未来的经济增长以及在全球城市体系中的地位将起到决定性的作用(Moss,1987)。WAN(城际网)、MAN(大都市地区网)、LAN(地方网)的全球连接为城市对市场、资源和就业机会的竞争创造了一个新的经济和技术平台(Gillespie,Williams,1988)。Lanvin(1993)认为信息已成为世界经济新的战略性资源,而电信系统则成为城市关键性的基础设施,先进电信设施在少数世界城市的集中,为它们进一步的繁荣提供了保障。Alles(1994)则指出当代信息技术的进步使得世界主要城市与其他城市之间出现严重的“技术鸿沟”。未来世界城市的发展潜力将取决于以下几方面:一是能否把所有有形的实体网络(即基础设施)的节点、密度和效率联结到世界各地;二是能否在世界无形的网络体系中发挥人口、知识、资金、货物和服务的全球性交换作用;三是有无创新性和适应性去不断开发网络中所固有的潜在协同作用,并起到超前示范导向作用。在信息化环境下一种新型的城市形态——网络城市(networkcity)应运而生,它是基于快速交通和通信网络以及范围经济的多中心的城市集合体,与传统的中心地城市相比,网络城市更富有创造性和竞争优势。

c. “流的空间”(space of flow)

萨森虽然强调了全球城市的对外控制力作用,但他并没有讨论到其他城市,也没有论及与其他城市的联系,基于上述不足,Castells(1996)在《网络社会的崛起》中提出了“流的空间”理论,他认为现代社会由资本、信息、技术、组织互动、音像符号等各种流构成,信息技术革命改变了现代社会形态,"流是支配我们经济、政治和象征性生活的过程表达"。所有全球城市构成了"流的空间",这个空间支配并塑造着网络社会。Castells"流的空间"理论提出了全新的全球城市理论分析框架,"流的空间"包括基础设施、城市功能、精英人才三个层面,全球城市在这三个层面存在紧密联系。Castells 将全球城市抽象为一个存在于"流的空间"中的"过程",实质上就是认为全球城市的本质就是城市联系本身。全球城市既有自身特性,又不能脱离网络存在,城市的功能和地位由城市网络决定。

d. "信息城市"(information city)

1980 年以后信息技术的发展越来越深刻地影响到由世界城市组织起来的全球城市体系,城市通过信息网络被吸纳进世界城市体系。以卡斯特尔斯、巴顿、沃夫、赫普沃斯、拉芬等为代表的关于信息技术革命和世界城市发展关系的研究进一步深化了城市理论。卡斯特尔斯重新分析了世界经济基本框架形成的力量基础,构建了所谓城市"发展的信息模式(information mode of development)",据此提出"信息城市"(information city)概念,并认为所谓的"世界城市"就是"信息城市"。在信息社会中世界城市的支配性功能更多地通过网络组织起来,通过建立遍布世界具有"瞬时"通达性的全球战略定位网络,以信息为基础的高级技术打破了国家壁垒,世界城市作为信息空间网络中的一个节点在世界资本市场的博弈中占据重要位置。在信息时代,国家的竞争转而变为城市之间的竞争,因此理论家们从信息网络的角度来研究世界城市就成为 1990 年以后世界城市研究领域的一个主流方向。

e. "消费城市"(consumer city)

大部分世界城市理论家从控制、创新和服务等生产功能视角来研究世界城市,2001 年经济学家 Glaeser 等(2001)开创性地提出"消费城市"理论,从消费视角来研究世界城市的发展。城市"消费"泛指能够增进个人福利的商品、服务和城市特征的总和。Glaeser 认为世界城市能够提供令人愉悦的社会交往、种类繁多的商品和服务、丰富的公共服务设施以及优美的城市整体风貌,因此它们既是世界生产中心又是消费中心。Glaeser 的实证研究证明了"消费城市"具有更好的发展绩效,它们的崛起反映了人们内心对宜居城市的强烈需求,城市的发展前景取决于作为世界消费中心的地位。Glaeser 正确看到了世界城市的生产和消费二重属性,"消费城市"的特质将对游客产生巨大的旅游吸引力。

f. 世界城市网络理论

2004 年 Taylor 等(2004)系统地开展了"世界城市网络"的理论和实证研究。

Taylor 认为世界城市研究应该突破"国家城市体系"研究框架的束缚,正确认识世界城市的国际联系,否则根本无法解释纽约、东京、伦敦等世界城市的发展状况,只有将世界城市放在世界城市网络中才能够正确认识其本质。此外,Taylor 对 100 家跨国企业进行实证研究后发现,世界城市网络联系是极其复杂的,并非简单的等级联系假设可以解释,只有构建基于复杂联系的世界城市网络,才能够真实反映世界城市的联系本质。

g. 发展中国家世界城市研究

在我国对外开放的背景下,一些中心城市特别是沿海的一些城市相继提出了建设国际性城市的目标,我国学者开始了对世界城市的研究,世界城市在我国学术界的称谓并不统一,分别有国际城市、国际性城市、国际化城市、国际经济中心城市、国际性大都市、世界城市、全球城市等。研究内容主要集中于以下两个方面:一是介绍国外世界城市相关理论(宁越敏,1991;张建明,1996);二是分析中国建设世界城市的必要性及可能性,并对上海、北京及一些沿海城市进行了实证研究(李立勋、许学强,1995;胡兆量,1996)。蔡来兴等著的《国际经济中心城市的崛起》一书对国际经济中心城市的基本内涵、形成条件、发展趋势以及上海建设国际经济中心城市的前景进行了全面的探讨,特别是分析了世界经济增长重心转移与国际性城市形成之间的关系(蔡来兴等,1995)。顾朝林等(1999)写的《经济全球化与中国城市发展——跨世纪城市发展战略研究》一书立足于世界城市体系框架,对全球化、信息化背景下中国城市体系的发展进行系统的研究。20 世纪 90 年代后期,随着理论界对世界城市的认识逐步明朗和各地方政府建设国际性城市热潮的降温,对世界城市的研究明显减少。进入 21 世纪以后在我国加入 WTO 和加速开放的背景下,对世界城市的研究重新引起重视,研究的视野较之前有所拓展,研究结论也更为客观和理性(蔡建明,2001;李国平,2000)。

h. 北京世界城市建设与文化遗产旅游

21 世纪初《北京城市总体规划(2004—2020 年)》将北京的发展目标定位为"国家首都、世界城市、文化名城、宜居城市",到建国 100 周年建设成为经济、生态全面协调可持续发展的城市,进入世界城市行列。北京建设世界城市是适应城市发展内在需要的必然选择,北京服务业达到 73%,人均 GDP 达到中等发达国家水平,服务业比重达到部分发达国家城市水平,在这样的转型时期,北京提出建设世界城市符合城市发展的规律。与此同时,今后数十年是中华民族实现伟大复兴的重要历史时期,北京建设世界城市就是要瞄准中国在世界文明发展中的再度崛起,中国国际地位的重人提升,中国国际责任逐步强化的现实,从更深远的历史视野来实现这一目标。

文化遗产旅游发展对于北京实现建成世界城市的目标具有重要意义。北京作为我国历史上的六朝古都,有着悠久的历史和灿烂的文化。丰富的文化遗产资源充分反映了北京形成与发展的沧桑历程,这是北京人民的巨大财富,也是人类文化遗产的重要组成部分。对于文化遗产旅游的有效发展既能够彰显北京的古都风貌,还能突出北京的历史文化底蕴。文化遗产是城市发展的历史见证,文化遗产不仅是北京城市文化的重要组成部分,更是北京的文化标志和历史见证。文化遗产旅游开发是世界城市建设的重要内容之一,同时也是塑造世界城市自身特色的重要资源。城市特色是指一座城市的内涵和外在表现明显区别于其他城市的个性特征。北京在建设世界城市的进程中,除了发展经济之外还要重视有彰显文化特色作用的遗产旅游,这是一个城市的记忆和象征。当提起故宫、天坛、颐和园时,我们将感到无比骄傲。我们不仅要精心保护北京宝贵的历史文化遗产,更要懂得它的历史和意义,并结合北京实际发展的需要,通过文化遗产旅游让北京在国际上做大文化品牌,这对于北京建设世界城市有着重要的现实意义。文化遗产是城市发展新的"发动机",文化遗产旅游已经成为世界城市促进经济、社会均衡和谐发展的重要途径,特别是在城市形象宣传、历史文化教育、乡土情结维系、文化身份认同、生态环境建设、和谐人居环境构建等多方面具有综合的价值。在北京建设世界城市的过程中,同样要发挥文化遗产旅游的重要作用,从而将北京建设成为经济、政治、文化和谐发展的具有中国特色的世界城市。

2.3.2　城市文化遗产旅游研究

1) 文化遗产旅游对城市的影响

文化遗产旅游对城市的影响研究是国内外城市遗产旅游研究共同关注的热点之一,遗产旅游对城市的影响主要表现在对城市规划、城市经济发展、遗产完整性、城市居民生活、城市社会文化等方面的影响。遗产旅游对于城市老城区的重建具有带动作用,不仅能够振兴旧城区,还能够反过来促进旧城区文化遗产的保护(王红、胡世荣,2007);意大利学者以世界遗产中的城市为例对遗产旅游的影响进行了研究,结果显示遗产城市在吸引许多游客的同时产生了收益与损失,遗产城市发展旅游业不但威胁当地经济活力,还威胁到遗产的完整性和居民的生活质量(Borg et al.,1996)。Marcjanna(2000)通过对蒙特利尔及新加坡遗产旅游的案例研究,发现城市遗产旅游对城市经济及城市空间均产生了较大影响;

还有学者(Chang,1999)以纽约为案例研究区域,从消费层面探讨了遗产旅游在纽约城市消费体系中的结构地位及经济作用,并认为要想拉动城市旅游者的消费,需要处理好遗产地、零售业及商业三者的关系;Boris 和 Dragan(1984)比较分析了日本京都和泰国清迈两个城市的旅游发展影响,结果表明京都旅游发展对城市具有积极影响,而清迈则与此相反;国内学者则对遗产旅游开发对城市的社会文化影响进行了研究,其中保继刚和戴凡(1996)通过对云南大理古城的实证研究揭示出遗产旅游对当地居民学习英语态度所产生的影响;张波(2004)以云南丽江为研究区域揭示出遗产旅游对当地的社会文化具有积极的影响;潘秋玲(2005)通过对西安的实证研究探讨了遗产旅游开发对城市语言文化景观的影响效应。

2) 城市文化遗产旅游保护与开发

城市文化遗产资源保护是城市文化遗产发展的首要任务,也是学术界研究城市遗产旅游的重要内容之一。Ondimu(2002)调查了肯尼亚西部地区的文化遗产及其保护方面的情况,同时深入探讨了旅游者游览文化遗产地的原因,其结果用于建立旅游吸引地的发展模型以引导文化遗产的旅游规划。国内学者从城市文化遗产保护的角度出发,对城市文化遗产价值及旅游价值进行了评估。李莉莉(2006)以广州市为案例研究区域,通过引入适当的价值和旅游价值评估方法对广州城市文化遗产价值及旅游价值进行了评估。马杨悦(2004)以历史文化名城平遥的街巷为例对城市历史文化遗产的保护进行了探讨。

城市文化遗产旅游开发研究主要包括文化遗产旅游产品设计、文化遗产旅游与城市的互动发展、城市文化遗产旅游的可持续发展等。加拿大学者通过对蒙特加尔和新加坡的案例研究,指出遗产旅游是城市经济发展和城市空间再发展的一个方法(Chang et al.,1996),他们就文化遗产旅游对城市经济发展和城市空间拓展的影响进行了具体研究。还有学者从消费的视角研究了文化遗产旅游在城市消费体系中的结构、地位以及经济作用(Meethan,2001)。程敬云(2003)则探讨了如何在保护文化遗产资源的前提下开发城市文化遗产旅游。我国澳门学者对中国文化遗产旅游开发模式进行了系统的分析与总结(见表2-3)。赵美英(2005)对我国古城现有的独立开发模式、合资合作开发模式、整体租赁开发模式的优缺点做了对比分析,并将BOT投资方式引入遗产城市旅游开发过程中;魏峰群(2003)构建了遗产城市旅游的空间发展模式;阮仪三和严国泰(2003)提出了城市遗产的四种旅游利用模式。

表 2－3　中国文化遗产旅游开发模式

文化遗产 开发模式	遗 产 特 色	开 发 现 状	开发与保护对策经验
帝王陵寝 模式	历史文化积淀深厚; 出土文物种类丰富; 陵墓建筑风格迥异	地域分布明晰; 开发潜力巨大; 保护意识强烈	挖掘帝陵文化,打造旅游精品; 制定合理规划,保护帝陵文物; 采用先进科技,实现科学开发
主题公园 模式	公园数量众多; 主题形象鲜明; 产品形态丰富	主题移植,原创欠缺; 文化渗透,综合开发; 科技支撑;产品创新	创新产品激发游客兴趣; 和谐思想促进景区发展; 多彩文化打造特色园区
中国园林 模式	"天人合一"的理念; "叠山理水"的手法; 动植物配搭	发展起步早; 景区分布广; 文化挖掘深	从单纯观赏到体验互动; 从简单讲解到解说系统; 从被动宣传到主动宣传; 从意识淡薄到高度重视
名村古寨 模式	古老丰富的历史; 宁静悠闲的环境; 淳朴善良的民风	真实风貌引发旅游热潮; 优秀人文促进经济发展; 深厚文脉凸显城市个性	错位开发,制定古镇开发规划; 丰富内涵,打造体验文化旅游; 居民参与,关注当地居民利益
非物质文 化遗产模 式	文化品位独特; 艺术形式丰富; 民族色彩浓郁	以文化为内涵,艺术价 值高; 以技能为载体,表现能 力强; 以传承为手段,保护难度大	注重政府主导和全民参与相 结合; 加强非物质形态向物化产品 转化; 依托特定舞台与优秀节目展示
综合开发 模式	综合运用多种手段进行开发和保护		

注:资料来源:梁文慧,马勇.澳门文化遗产旅游与城市互动发展[M].科学出版社,2010,96.

　　学术界对于城市遗产保护与旅游发展的协调议题尤为关注,切实保护和合理利用文化遗产是世界各国城市建设的战略性发展方向。国内外学者从不同的研究视角针对城市遗产保护与开发进行了研究:Orbasli(2000)应用相关因素分析法对历史城市中文化遗产保护及旅游发展之间的关系进行了研究,从而为城市历史环境的长远效应及可持续发展目标的实现提供了管理方面的理论依据;Antonio(2002)以威尼斯为例,对城市遗产旅游发展的恶性循环现象给予了研究,认为可持续旅游发展有效政策的制定应针对恶性循环中的关键点,例如可以围绕文化遗产资源质量及目的地可达性进行政策制定;Maitland(2006)通过总结英国历史城镇剑桥 25 年间旅游规划与遗产保护规划历程,探讨了旅游策略在历史城镇旅游发展中的长期效应、战略目标如何实现以及政策方针如何贯彻等议题。国内学者在强调遗产"保护第一,合理利用"的前提下,对遗产城市旅游开发与遗产保护的协调进行了初步探讨。遗产城市旅游是遗产保护的延续与发展,是充分利用城市遗产价值的重要组成部分,遗产城市开发旅游,应强调文化的保护与传承,保护与利用遗产资源是相辅相成的,保护遗产的目的是利用,问题是如何在保护的前提下合理地利用遗产资源(严国泰,2002;阮仪三、严国泰,2003);苏勒等学者(2003)认为城市遗产的保护工作中,文化景观是基础、文化系统是核心、文化生态是关键;实现保护与旅游发展关系协调的主流思想包括陶伟(2001)提出的可持续发展理念、严国泰(2002)提出的实效保护思想以及赵美英(2005)引入的生态文化理念等。

2.3.3 国家层面下遗产旅游发展

城市的发展离不开国家的发展,世界城市的可持续发展同样离不开其所在国家发展的宏观背景,国家政治、经济、文化等各个方面的支持对于世界城市文化遗产的发展同样具有举足轻重的作用。所以本文对世界城市文化遗产发展案例的研究结合了其所在国家的视角,以期能够更全面深刻地对世界文化遗产旅游发展经验进行归纳和总结,为发展文化遗产旅游提供借鉴和参考。

1) 英国文化遗产旅游发展(拥有世界城市——伦敦)

a. 英国文化遗产资源概述

文化遗产旅游资源类别丰富。英国文化遗产旅游资源的类别很丰富。文化遗产旅游资源和非物质文化遗产旅游资源紧密结合。在无形文化遗产旅游资源方面,英国的手工技艺以及其他非物质文化遗产旅游资源很丰富;在有形文化遗产旅游资源方面,英国拥有众多的历史遗迹。

文化遗产旅游资源互补性强。英国是文化遗产旅游资源大国,除了拥有的资源数量多、类别丰富外,英国文化遗产旅游资源的互补性很强,具有很好的资源组合性。这一特性为英国文化遗产旅游产品的多样化提供了很好的基础(见表2-4)。

表 2-4 部分英国世界文化遗产名录

序号	世界文化遗产名称	世界遗产委员会召开年份
1	"巨人之路"及其海岸	1986
2	达勒姆大教堂和城堡	1986

续　表

序号	世界文化遗产名称	世界遗产委员会召开年份
3	乔治铁桥区	1986
4	有方廷斯修道院的种马场皇家公园	1986
5	"巨石阵"、埃夫伯里及周围巨石遗迹	1986
6	圭内斯郡爱德华国王城堡和城墙	1986
7	布莱尼姆宫	1987
8	巴斯城	1987
9	哈德良长城(与德国共享)	1987,2005,2008
10	威斯敏斯特宫、大教堂和圣玛格丽特教堂	1987
11	伦敦塔	1988
12	坎特伯雷大教堂、圣奥斯汀教堂和圣马丁教堂	1988
13	爱丁堡德新镇、老镇	1995
14	格林尼治海岸地区	1997
15	奥克尼新石器时代遗址	1999
16	卡莱姆冯工业区景观	2000
17	百慕大群岛上德圣乔治镇及相关要塞	2000
18	德文特河谷工业区	2001
19	新拉纳克	2001
20	索尔泰尔	2001
21	伦敦基尤皇家植物园	2003
22	康沃尔和西德文矿区景观	2006
23	旁特斯沃泰水道桥与运河	2009

b. 英国文化遗产旅游发展特点

（1）文化遗产资源与旅游产业紧密结合。英国是拥有众多文化遗产的旅游大国,如伦敦塔(Tower of London);巨石阵(Stonehenge);西敏宫(Palace of Westminster)又称国会大厦(Houses of Parliament);西敏寺(Westminster Palace,Westminster Abbey and Saint Margaret's Church);皇家植物园(Royal Botanic Gardens)等。利用文化遗产来促进英国旅游业的发展是其发展旅游业的战略之一。英国政府能够深度利用文化遗产的经济功能和旅游功能,并将二者结合开发。同时还打造了一系列文化遗产旅游产品,从而推动旅游业发展。

(2)注重文化遗产的教育功能。在旅游发展获得经济效益的同时,英国还能够注重采取适当的方式对游客进行教育和宣传。提升英国文化遗产旅游产品的功能。以英国世界文化遗产哈德良长城为例,哈德良长城为了发展旅游及保护遗产,在1996年制定了解说战略,把解说作为一种促进交流、激起思考和获得新知的工具,促进了世界遗产地资源管理以及游客行为管理。哈德良长城的解说强调的是遗产各部分以及与其相联系的其他部分的关系,以及与所有有价值的事物之间的关系,包括它的地理位置、景观和自然栖息地。通过向游客强调遗产的统一性,以及文化和自然遗产的相关性,进一步揭示了遗产地的意义。它能提升对城墙的历史认知度,能鼓励游客去探索遗产地的其他部分,以便获得更广泛的关于它的正确评价,并且理解与哈德良长城相联系的遗址地在功能和场所方面的特殊性。哈德良长城的解说还传递了关于世界遗产地脆弱性的信息,从而影响游客的行为,并告诉游客何种行为有助于保护遗址地,以进一步保护后代人的利益,鼓励游客在一年中的特定时期来游览更多的遗址(邓明艳等,2007)

(3)文化遗产与创意产业紧密结合。创意产业是伦敦目前仅次于金融的第二大产业,作为文化创意产业发源地的英国以首都伦敦作为创意产业基地,依托伦敦众多博物馆,如大英博物馆(The British Museum)、维多利亚阿尔贝特博物馆(The Victoria and Albert Museum)、华莱士收藏馆(Walface Collection)、科学博物馆(Science Museum)、博物学博物馆(Natural History Museum)、国家人像美术馆(National Portrait Gallery)、国家艺廊(National Gallery)、伦敦博物馆(Museum of London)、伦敦塔(Tower of London)、设计博物馆(Design Museum)、科尔托德艺术研究中心(Courtauld Institute of Art)、泰德艺廊(Tate Gallery)、帝国战争博物馆(Imperial War Museum)、电影博物馆(Museum of the Moving Image)等,将文化遗产资源与创意产业进行结合开发。与此同时,这些世界文化遗产宝库也成了创意者创意设计灵感的源泉。

为了培养创意产业人才,英国文化协会与英国教育部门做了大量文化普及教育工作,充分利用英国文化遗产,重点抓好从幼儿园到大学的教育。对于幼儿园和小学生,组织他们参观博物馆和文化遗址,启发他们对文化创意的兴趣;对于中学生,培养他们对艺术的欣赏力和爱好,要求他们选学视觉艺术、造型艺术、表演艺术中的一至两个类别;大学阶段,企业和公司及早介入创意人才的发掘和打造,并提供创作设计经费,重点培养艺术人才,发现文化新星,并为其进行市场推广。

（4）利用文化遗产丰富国民生活。英国拥有丰富多彩的文化艺术遗产并受到世界各地人民的欣赏和喜爱。英国政府很重视利用文化遗产来丰富国民生活从而提高国民素养。如在视觉艺术领域,通过展示绘画、陶制品和雕塑等艺术品陶冶国民情操;英国表演艺术也十分活跃。每个晚上全国各地的剧院、音乐厅和演播室都上演传统的音乐、戏剧、电影、舞蹈、歌剧等;此外还通过文化遗产展示英国多彩的历史,以及不同种族和文化对英国的影响,从而使英国国民更加深刻地了解大不列颠联合王国的历史。以哈德良长城为例,哈德良长城通过各种途径,把遗产保护利用和社区发展紧密联系起来。从社会、经济和文化的角度培养社区居民对世界遗产的认同感和主权感,使社区参与遗产保护具有可持续的动力。其中的一个案例是哈德良长城旅游合作者组织的"繁荣与企业"（enrichment and enterprise）计划中的"营销长城"项目（marketing the wall）,该项目使当地社区和学校参与到遗产社区艺术项目中,进一步发展了当地居民与遗产地间的文化联系,特别是在联系不紧密的城镇地区,从而使社区和遗产间建立了新的联系。社区艺术项目以舞台剧的形式开展,与当地学校联办,以城堡的历史和民间传统为舞台剧的内容,由大学即将毕业的戏剧专业学生演出。此外,当地居民参与考古项目和地方解说计划也有助于建立起遗产地与当地居民之间的联系（邓明艳等,2007）。

c. 英国文化遗产保护

（1）制定遗产保护法律体系。英国建筑遗产保护的立法来源于民间团体的推动。莫里斯对于英国的遗产保护起到了重要的作用,他是英国古迹保护的先驱,提倡严格遵照历史原貌修复历史建筑。1877 年他创立了英国第一个民间建筑保护组织"古建筑保护协会"。准确地说,当时的遗产修复还只是一种保存,而不是保护。莫里斯等人并没有考虑到遗产的利用与人民生活之间的关系,仅仅强调把历史建筑原封不动地保留下来。一系列民间保护遗产的运动促使英国政府在 1882 年通过了首部遗产保护法律——《古迹保护法》,虽然最初被列入保护对象的只有 29 处史前遗迹,但仍然具有里程碑式的意义（张杰等,2008）。

英国自 1882 年颁布《历史纪念物保护法》以来，其文化遗产保护法的建设已经走过 100 多个年头。其相关保护法律法规分为：小型有形文化遗产保护法，主要有《珍宝法实行细则》《博物馆与画廊法案》；古代遗址、考古区域保护法，主要有《古代遗址与考古地域法》《国家遗产法案》《城乡规划法》《规划政策指南：规划与历史环境》《规划政策指南：考古与规划》等（顾军等，2005）

（2）大力发挥民间团体的力量对文化遗产进行保护。历史文化遗产保护工作在英国并不只是建筑及规划的专业工作，1877 年英国最早的民间保护组织"古建筑保护协会"就在英国全国范围内的旧城区大规模改造重建项目中对古建筑开始进行保护，并促使国家开始将古建筑保护纳入立法范围，使得英国于1882 年颁布了《历史纪念物保护法》。此后，各类民间团体竞相效仿，在不同方面、不同程度发挥着对于英国历史文化遗产保护的积极作用。英国最具影响力的民间保护组织包括古迹协会、不列颠考古委员会、古建筑保护协会、乔治小组和维多利亚协会 5 大组织。他们在一定程度上介入法律保护程序，而且凡涉及登录建筑的拆除、重建或改建，地方规划当局都必须征得他们的意见作为处理这些问题的依据。这 5 个组织按期召开联席会议，讨论各地登录建筑"许可证"的申请问题，写出评审意见送交申请者所在地规划局，并同时呈送给环境部。由于介入法定程序，每年英国政府给以上 5 个团体一定的资助。除了以上 5 个团体协会外，英国还有很多民间保护团体在英国的历史文化遗产保护中发挥着重要的作用（焦怡雪，2002）。

（3）多渠道的资金扶持。英国在文化遗产保护和管理方面取得了很多的成就，并拥有了英国自身的特点，在这个过程中，英国形成了"健全体制＋资金扶持"的保护和管理的模式。所谓的健全体制主要指相对健全的法律体系，而资金扶持则是多渠道地获取遗产保护资金。在资金投入上，英国政府为历史遗产保护所提供的资金数额相当大。与此同时，地方政府提供的财政专项拨款和贷款也是保护资金最重要的来源（焦怡雪，2002）。此外，民间捐赠也是资金保障的一个方面。各协会也会鼓励会员积极捐赠，如鼓励设立遗嘱，建议在考虑家人和朋友的利益之后将部分财产遗赠给协会。同时，英国还设立专门专家小组进行资金使用的控制，以保证这些资金能被科学、合理地使用。

2) 法国文化遗产旅游发展(拥有世界城市——巴黎)

a. 法国文化遗产资源特征

（1）文化遗产资源数量较多且类型多样。法国拥有多处世界文化遗产（见表 2-4），而没有被列入《世界遗产名录》的文化遗产还有很多，例如博物馆、教堂等文化遗产旅游资源。法国在不断发展过程中,形成了特有的文化,为后人留下了类别多样的文化遗产旅游资源。有形文化遗产方面,法国的历史文化遗产中的有形文化遗产散发出西方特有的文化气息,大到大型历史建筑物,小至小型的艺术品都无不为法国营造出古典美和现代美相融合的氛围。无形文化遗产方面,法国的美食是世界知名的,同时法国的浪漫气质又使得法国饮食成为一门高超的艺术,法国注重这门艺术的传承和发扬,采取了多种措施对其进行保护和发展,法国的美食丰富了法国无形文化遗产的内涵。

(2) 文化遗产旅游资源形式丰富。法国文化遗产旅游资源的形式丰富多彩。在物质形态上,有无形文化遗产与有形文化遗产;在规模上,文化遗产"大到教堂,小到汤勺";在载体上,有以建筑物为载体的文化遗产和以人为载体的文化遗产(见表 2 - 5)。

表 2 - 5　部分法国世界文化遗产名录

序号	世界文化遗产名称	收录时间
1	圣米歇尔山及儿海湾	1979
2	沙特尔大教堂	1979
3	凡尔赛宫及其园林	1979
4	韦兹莱教堂和山丘	1979
5	韦泽尔峡谷洞穴群	1979
6	枫丹白露宫及庭院	1981
7	亚眠大教堂	1981
8	奥朗日古罗马剧院和凯旋门	1981
9	阿尔勒城的古罗马建筑	1981
10	丰特莱的西斯特尔教团修道院	1981
11	阿尔克-塞南皇家盐场	1982
12	南锡的斯坦尼斯拉斯广场、卡里埃勒广场和阿莱昂斯广场	1983
13	圣塞文-梭尔-加尔坦佩教堂	1983

b. 法国文化遗产旅游发展的主要措施

(1) 注重利用文化遗产开展文化教育。法国国有古迹对 18 岁以下儿童免费开放,国家新剧院将 1/3 的座位规定为低价座位,从而能够面向更广大的民众。卢浮宫等巴黎和外省的 100 处文化古迹、33 个国立博物馆,在每个月的第一个星期日免费向公众开放。每年有 230 万人次享受这一免费措施。由国家拨款建设的国立戏剧院在每周四的票价统一下调为 50 法郎的优惠价。为了实现上述措施,文化部每年给予 3 600 万法郎的补贴。这些措施的实施直接带动了历史文化遗产的利用。同时对提高国民素质、加强民族文化传统教育起了积极的作用。

(2) 通过保护文化遗产来推动其发展。法国政府非常重视保护历史文化遗产,发展文化设施,将普及文化当成一项社会工程来完成。这种形式不仅使遗产本身得到原汁原味的保护,还使周边的相邻环境和氛围同时得到保护,既延续了历史文脉,又体现了保护的价值。利用得当,使其成为面向公众教育活动的历史教科书和社会课堂,提高了民族素质,增强了民族自信心,让古董成了活教材。保护与利用相辅相成,相互促进与提升,不失为成功的范例。

(3) 重视打造文化遗产品牌。法国政府专门设立了"文化遗产日",通过该活动大大提高民众对文化遗产保护的意识。法国中央政府直接管理着巴黎凯旋门、卢浮宫等 100 多处"民族古迹"和 4 万余处"纪念建筑"。此外。未列入保护行列的全国各地 40 余万处"地方宝藏"均得到相关部门和民间协会、民间人士的有效保护。这种对遗产的保护和对文化的崇尚行为彰显了法国民众的文化品位,提升了国家文化的品牌效应,特别是对促进法国旅游经济的发展起到了积极作用。

c. 法国保护文化遗产的主要举措

(1) 制定遗产保护法律。法国是世界上第一个制定历史文化遗产保护法的国家,并且通过制定相关保护法律很好地保护了法国文化遗产。1840 年,法国颁布了《历史性建筑法案》,这是世界上第一部关于保护文物的法律。法国制定保护物质文化遗产方面的法律迄今已有 200 多年的历史,而且随着人们对保护工作意识的不断增强,保护工作的范围逐渐扩展。1962 年法国制定了《马尔罗法》,划定历史保护区,区内的一切建设修缮活动都要经"国家建筑师"的严格咨询、评估和同意。

(2) 实施整体保护策略。法国十分注重实施文化遗产的整体保护措施。凡确定为文物的古代遗迹、墓葬、石刻、桥梁、建筑、民居,包括与之相关的环境,国家和社会都需加以保护,而不是使之成为被现代建筑包围的孤立景点。日前法国有 18 000 多个文化协会保护和展示历史文化遗产。全法国已划定了历史文化遗产保护区,保护区内的历史文化遗产达 4 万多处,有 80 万居民生活在其中。历史文化遗产保护区的确立并不意味着将其封闭保护,法国政府让历史文化遗产保护区敞开大门,使之成为人们了解民族历史与文化的窗口。

(3) 新旧建筑要相互协调。法国在对文化遗产进行保护的同时,也十分注重新旧建筑的协调。对老城区的新建筑确定了建筑高度的绝对控制线,超高建筑一律建在城外或郊区。厅堂、楼梯等内部设施、格局都要保持原貌。新建筑的建设都要深思熟虑,进行方案竞标优选,确保新旧建筑协调相融及自然和谐。

d. 私人管理是法国文化遗产管理的重要特色之一

法国文化部下设有文化遗产局,地方上也有相应机构,负责依法调查、监督文化遗产的现状以及维护情况,但具体管理上法国政府管理的重点文化遗产不足 5%,近一半是由市级部门管理,另一半以上则为私人管理,如巴黎埃菲尔铁塔就是私人管理的。私人管理在法国文化遗产管理中的作用主要体现在以下方面。

(1) 协助政府鉴定文化遗产内容。民间组织关心他们生活所在地的文化遗产保护,经常提醒社会对某建筑、古迹或某件物品给予高度关注,并收集有关申请应有的保护资料,此举使得各领域的遗产不断地涌现出来,极大地丰富了档案材料。

(2) 协助政府做好文化遗产普查工作。在法国政府对文化遗产进行大规模的普查时,这些民间组织为政府提供相关咨询甚至是直接参与法国文化遗产资源普查工作。

(3) 参与制定法律和社会管理。这些民间组织或者在自办的刊物上辩论国家制定的有关文化遗产的主要政策和特殊条款,或者向议员反映意见提出建议,或者组织一些民间活动来充分发表个人看法等,对国家文化遗产保护立法产生着积极的影响。面对破坏文物古迹的事件,他们倾力捍卫文物古迹,有时甚至同公共权力机构对簿公堂。

(4) 传播文化遗产知识和技能。这些民间组织经常开展"保护与文物相关行业和技能"等活动,开设理论课和实践课,组织"义务者工地",传播知识和技能,培养人才。如法兰西农舍协会研究乡村的文化遗产,专门收集整理各种乡村传统工艺,致力于培养各种民间艺人,无形中他们自身也成了必须保护的民族遗产。

(5) 大力资助文化遗产保护事业。法国民间每年用于文物保护的资金达100亿美元之多,相当于政府财政的拨款总额。成立于1996年的法国文化遗产基金会专门维护未列入保护单位的40余万处文化遗产。很多民间组织颁发奖金鼓励文化遗产保护活动,奖励在保护方面做出贡献的人。

3) 美国文化遗产旅游发展(拥有世界城市——纽约)

a. 美国文化遗产资源及旅游概况

美国从建国到现在仅有200多年的历史,缺乏深厚的历史文化底蕴,但是美国政府和人民并没有因为美国的历史短而不重视对历史文化遗产的保护。相反,他们以认真的态度、合理的措施、完善的制度对美国文化遗产进行保护、继承和发展。同时,美国的文化遗产旅游也得到了极大的发展。美国政府十分重视保护文化遗产,并制定了一系列的法律法规,建立了完善的管理制度,使其文化遗产焕发生机。同时,民间社团组织对美国文化遗产的发展起到了重要的作用。美国文化遗产的数量并不多(见表2-5),但是它们的价值都很高,使美国文化遗产旅游资源形成了"少而精"的特点。美国文化遗产旅游资源等级高,可开发性好(见表2-6)。经过开发,文化遗产旅游资源可以转化为富有吸引力的旅游产品,最后带来巨大的经济效益。

表2-6 部分美国世界文化遗产名录

序号	世界文化遗产名称	收录时间
1	梅萨维德印第安遗址	1978
2	独立大厅	1979
3	卡俄基亚土丘历史遗址	1982
4	大烟雾山国家公园	1983
5	波多黎各的古堡与圣胡安历史遗址	1983
6	自由女神像	1984
7	查科文化国家历史公园	1987
8	夏洛茨维尔的蒙蒂塞洛和弗占尼亚大学	1987
9	陶斯印第安村	1992

　　b. 美国发展文化遗产旅游的主要措施

　　(1) 注重利用旅游活动进行爱国教育。美国政府十分重视本国文化遗产的爱国教育功能,故对美国文化遗产进行开发时非常注重通过文化遗产旅游对国民开展爱国教育。美国的文化遗产很多都是免费对外开放,让国民能有更多的机会进行学习,同时也方便国民能更主动地去接受爱国主义教育。如专门建造亚利桑那号军舰纪念馆,就是为了让国民记住美国历史上沉痛的一页——日本偷袭珍珠港。

　　(2) 注重利用文化遗产提升城市品位。美国历史文化底蕴并不深厚,但是美国政府乃至美国国民都很重视文化遗产的发展。在城市建设中,美国各级政府都非常重视处理好历史与现代文明的协调关系,利用文化遗产来提升其城市品位。因此,美国的国际化大都市的历史文化建筑与周边环境相得益彰。这样使美国的城市形成了一种"文化"氛围,给人一种品位很高的感觉。

　　(3) 注重利用文化遗产发展文化产业。美国的文化产业是美国经济的支柱产业,美国十分重视利用文化遗产来发展文化产业,这是美国文化产业发达的重要原因。文化遗产是美国文化产业发展中独一无二的历史文化载体,具有不可再生性和不可替代性,是特殊的文化产业经济资源。美国在发展文化遗产的同时,已经形成了将"历史资源"转化为"经济资源"再转化为"经济效益"的发展模式。

　　c. 美国保护文化遗产的主要措施

　　(1) 重视对文化遗产的整体保护。美国十分重视对文化遗产实施整体性保护,这同时也是美国文化遗产保护的一个相当突出的特点。美国虽然不是第一个对文化遗产实施整体性保护的国家,但是在各项操作和实施中,美国是该种方式最成功的实施者。美国的这种整体性保护模式获得了成功,也是值得很多国家借鉴的。

　　(2) 关注对无形文化遗产的保护。美国政府对无形文化遗产及传统民俗事项的保护给予了高度的重视。美国针对它们的保护专门制定了相关的法律,并在与本地土著民族印第安人的关系以及保护其独特的文化传统等方面进行了若干尝试。如建立印第安人生活保护区,给他们以高度自治权,鼓励他们保持自己原有文化,尽量减少外界对他们的干扰等。此外,口述史在美国的兴起也为无形文化遗产保护做出了重要贡献(顾军等,2005)。

　　(3) 采取科学合理的管理机制。美国政府在对文化遗产旅游资源进行开发的同时,也采取了各种科学合理的管理机制来保护美国的文化遗产旅游资源。

在资金机制方面,美国政府制定了相关的资金机制对文化遗产进行管理,并通过相关法律保证了美国文化遗产作为国家遗产资源在联邦经常性财政支出中的地位,确保了文化遗产保护主要的资金来源,使文化遗产管理机构能够维持其非营利性公益机构的管理模式。在管理机制方面,美国对文化遗产的管理普遍采取了垂直管理模式,同时也对管理者进行了正确的角色定位。美国文化遗产的管理者将自己定位于管家或服务员的角色,而不是业主的角色,其不能将遗产资源作为生产要素投入,更无权将资源转化为商品牟利,管理者自身的收益只能来自岗位工资。这样既避免了地方政府带来的干扰,也基本避免了由于管理者自身原因造成的保护与利用之间的矛盾。在监督机制方面,美国做到了依法监督和公众参与。美国的遗产保护建立在完善的法律体系之上。遗产管理部门的重大举措必须向公众征询意见乃至进行一定范围的全民公决,这使主管部门的决策不得不考虑多数人的利益最大化而非部门利益最大化,也使管理机构本身几乎没有以权谋私的空间。

4) 日本文化遗产旅游发展(拥有世界城市——东京)

a. 日本文化遗产资源概述

文化遗产旅游资源数量较多。到目前为止日本有多处历史遗迹被联合国教科文组织收入《世界文化遗产名录》(见表2-6),此外,日本还有国家级的文化遗产旅游资源以及大量没有被日本政府或公共团体认定的文化遗产旅游资源。

文化遗产旅游资源类别多样。日本文化遗产旅游资源具有类别多样的特点。日本文化遗产旅游资源有物质文化遗产旅游资源,同时还有大量的非物质文化遗产,如拥有官方认定技能、技术的个人等。

文化遗产旅游资源分布很广。日本文化遗产旅游资源数量大、类别多,同时还有分布广的特点。日本不仅有物质形态的古建筑群,还有非物质性的技能、技术(见表2-7)。另外还有埋藏在地表以下的文化遗产旅游资源。

表2-7 部分日本世界文化遗产名录

序号	世界文化遗产名称	收录时间
1	法隆寺地区的佛教古迹	1993
2	姬路城	1993
3	古京都历史古迹(京都、宇治和大津城)	1994

序号	世界文化遗产名称	收录时间
4	白川乡和五屹山历史村座	1995
5	广岛和平纪念公园（原爆遗址）	1996
6	严岛神殿	1996
7	古奈良的历史遗迹	1998
8	日光的神殿与庙宇	1999
9	琉球王国时期的遗迹	2000
10	纪伊山脉胜地和朝圣路线以及周围的文化景观	2004
11	石见银山遗迹及其文化景观	2007

b. 日本发展文化遗产旅游的主要措施

（1）注重利用文化遗产带动旅游发展。日本十分注重利用文化遗产来带动日本旅游业的发展。日本在对文化遗产进行开发和保护时十分注重把握文化遗产保护和开发的度，很重视文化遗产的旅游功能和经济功能。对文化遗产适度地开发利用，为日本的经济建设、旅游业发展开辟了一条很好的道路。

（2）注重利用文化遗产开展教育活动。日本在发展文化遗产的同时，也十分注重文化遗产的教育作用。在对文化遗产进行开发时，充分利用日本文化遗产对日本国民开展教育活动。日本希望对文化遗产的开发，充分发挥出文化遗产的教育作用，即在妥善保护的同时，通过各种方式对其进行发展，如通过公开展示等手段，最大限度地发挥出这些文化遗产的认知作用和教育作用。

（3）注重通过继承推动文化遗产发展。日本在无形文化遗产开发和保护方面走在世界的前列，同时在文化遗产的开发方面也具有其自身的特点。其中，日本最有特色的是"人间国宝"，"人间国宝"是指被个别认定的重要无形文化财产的保持者，他们都是在工艺技术或表演艺术上有"绝技""绝艺""绝活儿"的老艺人，其精湛技艺赢得日本政府的正式肯定，列为传承保护的对象，成为各相关方面的名人、名手。一旦认定后，国家就会拨出可观的专项资金，录制他的艺术。保存他的作品，资助他传习技艺、培养传人，改善他的生活和从艺条件。

c. 日本保护文化遗产的主要措施

(1) 成立保护机构。日本的文化遗产保护机构大致可以分为中央政府、地方政府以及相关信息机构三个组织层面。国家级文化遗产保护机构具体工作由文化厅负责实施。每个地方政府都有专门负责该地区文化遗产保护工作的教育委员会，专门负责各管辖内的文化遗产保护、处理与活化利用。日本设立文化财保护审议会，是专门提供文化遗产保护以及活化利用等业务咨询的机构(顾军等，2005)。

(2) 制定保护法律。日本对文化遗产的保护始于19世纪的明治初年，至今已经有100多年的历史了。在这期间，日本颁布了很多文化遗产的保护法(见表2-8)，内容涉及面很广，在世界上都很罕见(顾军等，2005)。

表 2-8　日本文化遗产保护法规

保 护 类 别	法 律 法 规 名 称
小型文物保护法	《古器旧物保存法》《遗失物法》《国家保存法》《重要美术品保存法》
历史建筑保护法	《古社寺保存法》
名胜古迹及天然纪念物保护法	《名胜古迹天然纪念物保护法》
综合性法律法规	《文化财保护法》

(3) 相关保护经验。日本提出了"无形文化遗产"的理念，并且还制定了相关法律对其实施给予保证。同时，日本还特别关注对无形文化遗产传承人给予高度重视，防止无形文化遗产的流失和断绝。日本也高度关注文化遗产保护技术的使用。从结果来看，日本的这些保护举措对于保护日本文化遗产特别是日本传统无形遗产确实发挥了很大的作用。

5) 国家层面下文化遗产旅游发展经验总结

通过上文对英国、法国、美国及日本在国家层面下发展世界城市文化遗产的案例研究，可以得出下述经验总结。

a. 文化遗产的保护与利用离不开完整有效的遗产政策体系

各国政府都针对本国文化遗产的保护与利用，制定和实施了遗产开发和保护政策，从而实现文化遗产的有序发展。例如法国是世界上第一个制定历史文化遗产保护法的国家，并且通过制定相关保护法律很好地保护了法国文化遗产；

日本颁布了很多义化遗产的保护法,且内容涉及的范围很广。

我国在保护与利用文化遗产资源的过程中同样离不开法律政策的规范与指引,而我国目前的遗产政策体系尚不完整,相关内容也不够完善,因此本书将针对我国遗产政策的制定与实施进行探讨。

b. 文化遗产发展要以协调遗产资源保护与开发二者的关系为核心任务

各国政府在保护本国文化遗产资源的同时也十分注重遗产资源的开发利用,利用文化遗产促进本国旅游业及其他相关产业的发展是文化遗产发展及旅游业发展的重要战略之一。例如英国就非常注重文化遗产资源与本国旅游产业以及创意产业的紧密结合;美国则重视利用文化遗产来发展其文化产业,这也是美国文化产业发达的重要原因;日本通过对文化遗产资源适度的开发利用,为日本的经济建设、旅游业发展开辟了一条很好的道路。

c. 文化遗产保护与利用过程中要注重遗产景区空间环境及空间景观的协调

各国在发展文化遗产的过程中都注重实施文化遗产的整体保护与利用措施,这一措施反映在空间上就是注重遗产景区空间环境及空间景观的协调。例如在法国,凡确定为遗产的资源包括与之相关的环境,国家和社会都要加以保护,而不是使遗产成为被现代建筑包围的孤立景点。尤其在对文化遗产进行保护的过程中,十分注重新旧建筑的协调相融及自然和谐。

d. 鼓励利益相关者积极参与到文化遗产资源的保护及利用过程中

文化遗产资源的保护及利用不仅是政府及相关部门的责任,也与其他一些相关利益者存在息息相关的联系。正是基于这种情况,各国政府鼓励相关利益者积极参与到文化遗产资源的保护及利用过程中。例如英国大力发挥了民间团体的力量对文化遗产资源进行保护,凡涉及登录遗产的拆除、重建或改建,地方规划当局都必须征得民间团体的意见作为处理这些问题的重要依据;私人管理则是法国文化遗产管理的重要特色之一。

文化遗产的保护与利用过程中需要利益相关者的共同参与,游客是文化遗产旅游发展过程中最为重要的利益相关者,遗产旅游开发所围绕的核心目的就是要满足游客体验从而获取游客相关收益。本书将针对文化遗产旅游中的游客体验进行研究,并针对游客体验与遗产真实性之间的关系进行理论探讨。

e. 通过文化遗产的保护与利用积极获取遗产发展所带来的社会、经济效益

各国政府合理有效地发展文化遗产资源,从而获取了相应的社会、经济效益,这也是文化遗产资源有效发展对社会所产生的积极效果及有效反馈。例如日本在妥善保护遗产资源的同时,通过各种方式对其进行发展,力求最大限度地

发挥出这些文化遗产的认知作用和教育作用;美国在对文化遗产进行开发时,非常注重通过文化遗产旅游对国民开展爱国教育。在城市建设中,美国各级政府还非常重视处理好历史与现代文明的协调关系,利用文化遗产来提升其城市品位。文化遗产是世界城市的名片和灵魂,有效地保护及可持续地开发世界文化遗产资源已经成为世界城市获得最佳品牌效应的重要途径。

2.4 中国世界遗产特征分析

2.4.1 中国是世界遗产大国

中国拥有悠远的发展历史,留下了大量珍贵的文化遗产。自加入《世界遗产公约》以来,截至 2023 年 10 月,中国已经拥有各类世界遗产 57 项,世界遗产项目总数居世界第二,是近年全球世界遗产数量增长最快的国家之一,已经成为名副其实的世界遗产大国。

2.4.2 类型丰富,分布广泛

中国同时拥有世界文化遗产(包含世界文化景观)、世界自然遗产、世界文化和自然双遗产所有类型的世界遗产,中国是拥有世界遗产类别最齐全的缔约国。我国世界遗产分布于 28 个省(自治区、直辖市)以及澳门特别行政区。我国多种地形地貌条件下(高原、平原、山地、丘陵、沙漠及海岛)均有世界遗产分布。我国世界遗产地海拔高度落差最大超过 3 000 米,间隔距离最远为 3 400 多千米。北方区域为遗产高度集中区域。

2.4.3 历史间隔长,储备丰富

中国是拥有五千年发展历史的世界文明古国,所拥有的世界遗产历史间隔时间跨度相当大,周口店北京人遗址与开平碉楼之间的历史间隔期非常长。中华民族文明悠久、璀璨,留下了数量巨大的遗产资源,类型包括考古遗址、古建筑、历史村镇、文化景观、工业遗产等。

2.5 小结

本章针对文化遗产旅游内涵进行了系统论述,包括遗产内涵的发展演变、世

界文化遗产内涵、基于旅游地性质的遗产旅游内涵以及基于旅游者需求的遗产旅游内涵;文化遗产真实性研究被系统梳理,内容包括文化遗产真实性概念辨析、真实性与文化遗产保护、真实性与文化遗产开发、真实性与文化遗产旅游管理;文化遗产与城市发展研究二者内在联系被论述,内容包括世界城市发展研究、城市文化遗产旅游研究、国家层面下遗产旅游发展。在上述针对文化遗产旅游相关研究主题进行论述的基础上,进一步针对我国世界遗产特征进行了论述。

第3章　文化遗产景区整体环境优化研究

3.1　遗产景区整体环境优化案例分析

3.1.1　法国马莱保护区整体环境优化案例

1962 年法国颁布了 20 世纪欧洲保护立法中最重要也是最有影响力的一个法令《马尔罗法令》，又称《历史街区保护法令》。自从颁布《马尔罗法令》以后，法国在城市遗产保护和街区发展方式之间建立起了十分重要的联系。该法令的核心内容是将有价值的历史区域划定为历史区，历史区内部的建筑不能任意拆除，维修和改建该区域内部的建筑要经过"国家建筑师"的咨询和评估并最终获得其同意。文物建筑及其周围的空间要一起加以保护。法令还规定在历史文化建筑及其周边区域要严格控制新建的建筑，批准建设的新建筑要保证其高度、外形等特征与周围环境相协调，以此来保护城市空间环境的历史面貌。该法令的颁布为法国历史文化遗产的保护及周边环境内相应的规划与设计提供了法律参考依据。

巴黎马莱保护区空间环境优化案例

a. 马莱保护区产生背景

马莱区在工业革命影响下成为巴黎重要的生产作坊区，也是人口密度极高的区域。大量的生产经营活动及人口的不断聚集导致越来越多与环境不相协调的建筑在该区域内被建造起来：花园和公共空间中加建了大量仓库和作坊；古老的住宅被随意改造以适用于企业办公或居住的要求。19 世纪末这个逐渐衰败的街区成为外国移民的主要定居点，居住条件的恶化导致了居住在其中的居民阶层越来越底层化，继而又导致了建筑环境的进一步恶化，从而形成了一个恶性循环的态势。马莱区逐渐成为巴黎最破败且卫生条件极差的地区之一。与此同时，该街区众多 17~18 世纪的建筑没有受到应有的重视，此时的专家仅仅关注中世纪的文物建筑,因此马莱区的古建筑不断受到人为破坏。

20 世纪初,巴黎市政府为了抑制肺结核病的流行而实施了"不卫生街坊消除计划"。马莱区南部的圣·日尔凡街区在 1894—1905 年间肺结核病死亡率高达 653 人/千人,因此成为巴黎市第 2 号不卫生街坊。市政府出台了一系列整治计划,但情况并未好转。许多人认为彻底清除贫民窟是解决问题的唯一方法。1941 年相关法律要求巴黎政府征用不卫生街坊的土地和建筑并马上实施拆除计划。1950 年随着青霉素的发明,肺结核病得到了治愈,人们由此开始质疑为了抑制肺结核病流行而拆除老房子的必要性。1961 年在被列入拆除名单的维尼府邸中发现了非常精美的天顶画,从而在媒体上掀起了关于保护街区的大讨论。此外"历史巴黎保护和价值重现协会"还组织了"马莱节",由此引起人们对马莱街区历史艺术价值的关注。

b.《马尔罗法令》与马莱保护区的产生

随着对战后重建中历史街区遭到大规模破坏的反思,1962 年法国颁布了《马尔罗法令》。1964 年巴黎市议会正式建立了马莱保护区,该保护区是《马尔罗法令》颁布之后法国建立的第一个历史保护区并且在 1965 年将保护区范围扩大到现在的 126 公顷,其范围为东到巴士底广场,西至市政厅广场,南到塞纳河,北到禁庙区,该区域处于巴黎城市的历史核心区域(见图 3-1)。从此马莱区的大部分历史建筑得到了修缮和保护,176 幢文物建筑得到保护,1 200 幢建筑因其所具有的建筑及景观价值被保留下来。很多精美府邸被改造成图书馆、美术馆及文化交流中心。马莱区逐渐被改造成为一个最能体现巴黎特色也最有活力的历史街区。

c. 马莱保护区的《保护与价值重现规划》

马莱区《保护与价值重现规划》的编制从 1964 年成立马莱保护区以后即着手进行。该规划的具体内容经历了三次修订后于 1980 年获得巴黎市议会的批准,1992 年完成规划的公示,1996 年获得国家批准。马莱区《保护与价值重现规划》是一个控制性规划(见图 3-2),该规划的核心内容包括下述五个方面:既有建筑的规划;新建建筑的建设规定;街区整体整治控制规划;绿化空间控制规划;步行环境的控制规划。相关内容见表 3-1。

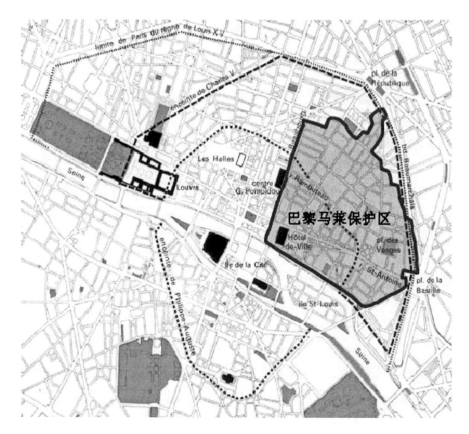

图 3-1 马莱区在巴黎市区所处区域

图片来源：邵甬.大城市中心历史街区的保护与价值重现——以巴黎马莱保护区为例[J].北京规划建设：32-40.

表 3-1 马莱区《保护与价值重现规划》核心内容

规划核心内容	对 应 规 划 内 容
既有建筑的保护、价值重现和修复的规定	以文物建筑名义受到法律保护的建筑(此类被保护建筑在马莱区共有 176 幢)
	因为建筑价值、景观价值或建筑特征而需要保护的建筑,这些建筑大部分是 19 世纪以前建造的(此类需要保护的建筑在马莱区超过 1 200 个)
	没有特殊价值的建筑,它们可以被改造或被替换,为的是保护城市的肌理(该规划内容主要针对马莱区 19 世纪密集的建筑群体)
新建建筑的建设规定	新建筑总体建设要求:马莱保护区的大部分建筑需要保护和修复,但在某些地方可以建设一些新建筑,但要保证新建筑和保护建筑之间的相互协调。新建筑的立面必须更好地和相邻建筑协调

续　表

规划核心内容	对 应 规 划 内 容
新建建筑的建设规定	建筑功能：通过容积率的设定协调建筑的居住功能和产业发展功能（手工业、商业、仓储）之间的关系。采用高容积率的地块鼓励功能混合或者街区生活必需的公共设施；低容积率适用于办公楼建设或其扩建工程，目的是减少单纯的办公楼建设
	高度限制：整个街区的建筑高度限定为 25 米
	垂直高度：沿街建筑立面的垂直高度不再根据道路宽度进行计算，而是根据相邻建筑的檐口高度进行灵活设定（从 12~20 米不等）
	外包轮廓线：原先建筑外包轮廓线规定是由两条不同角度的斜线所组成，结果导致所有建筑的屋顶形式都很相似；该规划的新条款中建筑的外轮廓线是一条直线，在顶部是一条半圆的弧线，屋顶外轮廓线只要在直线和弧线所划定的范围内就可以了
街区整体整治控制规划	由于马莱保护区整体情况的复杂性，针对其的保护与整治工作并没有统一的模式。每个区域需要根据自身的特征、区位、历史价值等因素选择合适自己的模式。在《保护与价值重现规划》中针对不同的区域有两种不同规定：一是强制性规定，二是引导性规定
	强制性规定：需要拆除的建筑、需要开设的公共通道等强制性内容在规划总图上被清晰地标注
	引导性规定：规划说明书中通常阐述了对新建筑和公共空间的设计导引规定
绿化空间控制规划	马莱保护区中对于绿化空间的规划控制是降低区内高建筑密度及改善居民居住环境非常重要的措施。规划规定了扩大、新建和保护三种实施方法。《保护与价值重现规划》还规定将现有的内部绿化空间向公众开放，或将来通过开设小通道等方式让人们能够到达这些绿化空间
	扩大绿化空间：一般是在公共设施用地附近对已有绿化空间进行扩建，如塞纳河边上、市政厅广场等
	新建绿化空间：巴黎市政府周边区域及毕加索美术馆周围地区新建大约 2 500 平方米的花园
	保护绿化空间：严格保护马莱保护区原有绿化空间。该规划还规定在对部分建筑进行整治和剔除之后的区域首选恢复为花园或者是种植植物的庭院
步行环境的控制规划	要非常快地在马莱区形成步行道路系统是有一定难度的。但为了改善该区域糟糕的步行环境，《保护与价值重现规划》明确了可以进行步行环境整治的街道及其整治方式（例如拓宽人行道，铺地的重新处理等）。随着整治工作的开展，马莱保护区及其周边的主要景点，如市政厅、蓬皮杜中心、共和国广场、沃日广场和巴士底广场等最终被连接在一起

图 3-2　马莱保护区《保护与价值重现规划》总图

图片来源：邵甬.大城市中心历史街区的保护与价值重现——以巴黎马莱保护区为例[J].北京规划建设：32-40.

d.《保护与价值重现规划》的调整——"剔除"调整为"有条件剔除"

为了解决马莱保护区建筑密度过高以及居住环境恶劣的问题，在《保护与价值重现规划》中提出要剔除不必要的建筑，将通过剔除行动重新获取的空间恢复为花园和庭院，并最终形成敞开的公共空间。然而在实施剔除行动的过程中发现实际情况特别复杂：重新安置原有居民的就业和居住的实施成本非常高，而且大多数计划被剔除的建筑都分属于不同的业主。剔除计划在实施过程中遇到的重重困难使得巴黎议会仅批准了该规划的主要方针和原则并对《保护与价值重现规划》进行了修改，修改后的保护规划中将"剔除"调整为"有条件剔除"，居民的生活环境被鼓励进行自行改善，原有建筑允许被剔除的条件是与该建筑有关的经济活动已经消失，"有条件剔除"原有建筑的做法较好地保存了区域中特有的手工业和商业活动。

e. 环境要素的类型划分是马莱区空间环境优化的重要举措

巴黎马莱保护区的环境要素主要包括六个方面，即建筑单体、通道、场地、绿化空间、树木、不同层级的区域(奚文沁、周俭,2004),对于上述环境要素的类型划分是巴黎市政府对马莱保护区空间环境优化的重要举措。对环境要素细致的类型划分,可以很好地指导各个要素的保护及建设工作。马莱保护区环境要素类型划分的具体内容见图 3-3。

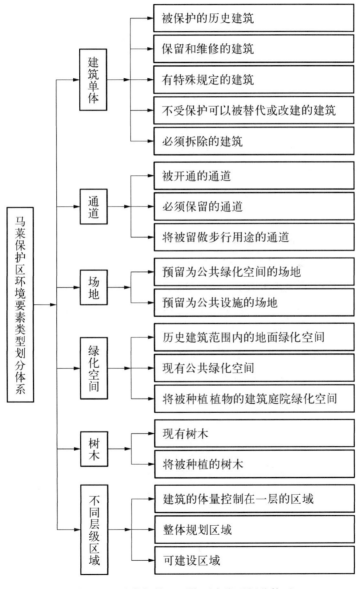

图 3-3 马莱保护区环境要素类型划分体系

3.1.2 英国伦敦旧城区空间环境优化案例

英国对于历史文化遗产的保护起步较早,该国制定的一系列针对文化遗产的法令对欧洲乃至世界的文化遗产保护都产生了重大影响。英国已经建立了层次分明的遗产保护体系,该体系以国家立法为核心手段将遗产划分为古迹遗址、登录建筑、保护区以及历史古城等层级。伦敦是英国的首都,也是既有世界城市之一,英国在伦敦旧城区文化遗产空间环境整体保护与规划方面有很多宝贵的经验值得我们借鉴,其突出的保护经验在于对城市整体环境营造以及建筑要素的规划方面。

1) 伦敦旧城区城市整体历史环境营造

英国在营造伦敦旧城区城市整体环境时正确处理了城市发展与遗产保护之间的关系,对文化遗产及其周边空间环境要素坚持优先保护的原则,重视遗产本体与其周边空间环境的协调和融合,通过对历史遗产的分类保护规划确保了文化遗产及其周边背景环境的完整性。由于英国政府对伦敦旧城区的有效保护,其城区的历史文化特色得以凸显。

2) 伦敦旧城区的建筑要素规划

英国政府还规定在伦敦旧城区文化遗产所在区域禁止建设现代化的高层建筑,然而出于特殊原因需要建设新建筑的情况下,新建筑的建筑形式被要求要符合历史文化遗产区内已有建筑的建筑风格和特点。对于文化遗产区内老旧建筑的改造只能是针对建筑的内部设施,通过对建筑内部设施的改造满足人们对现代生活的设施需要。与此同时,古建筑的外形结构则被要求必须保持原有的历史风貌,这样的举措使得英国文化遗产及其周边环境的历史原貌得以很好地留存。英国对于古建筑外形结构的保护及对其内部设施的改造实现了文化遗产空间环境保护与城市现代化建设的有机融合。对于在伦敦旧城区遗产环境中计划拆除并重建的建筑物,伦敦市政府规定必须经过专门机构的审查和批准,同时还制定了一整套严格的审批制度。出于安全及抗震等因素必须拆除及重建的建筑,政府则要求依照整旧如旧的原则建设新建筑,新建建筑物的临街立面要与原有建筑及其周边环境协调一致。

3.1.3 日本遗产景区空间环境优化案例

日本十分注重保护本国的物质及非物质文化遗产,其在推动国际社会接纳东方传统遗产保护理念以及认可世界文化多样性方面做出了突出贡献。日本在文化遗产空间环境优化方面以从视觉实体层面进行遗产空间规划以及从细节处打造遗产整体环境为显著特点。

1）从视觉实体层面规划遗产空间

从视觉实体层面出发,日本对历史文化遗产及其周边环境的保护范围进行了下述界定:"保护范围是指遗产区域所拥有的主要道路上行走的人所能看到的范围"。换句话说,遗产空间保护范围是人们视觉所触及的空间环境内容所涵盖的范围。这与国际遗产组织对遗产周边空间环境在"实体和视角方面"的要求是相吻合的。日本对遗产空间环境及人们视觉感受统一连续性的要求值得我们借鉴。

2）从细节处打造遗产整体空间环境

日本对文化遗产整体空间环境的保护与规划工作十分细致。在对历史文化遗产整体空间环境的打造过程中,不仅遗产本体得到很好的保护,同时受到关注的还有各种空间细节内容,这种保护实质上是以遗产环境整体景观为主,以街道为轴线,以沿街视线所及的范围为核心保护区域,同时还关注该区域中所包含的环境细节要素。正是由于对文化遗产空间环境中细节因素的合理处理才更好地打造了历史文化遗产整体空间环境,同时也促进了历史文化遗产环境氛围向城市其他空间的渗透。日本文化遗产空间环境的每一个细节要素都在通过自身的方式展示和传递各种历史文化信息。日本此种从细节出发打造历史文化遗产空间环境的做法值得我们借鉴和学习。

3.1.4　遗产景区空间环境优化案例经验总结

通过上文对法国巴黎马莱保护区、英国伦敦旧城区及日本遗产景区空间环境优化的案例研究,得出下述经验总结。

1）针对文化遗产空间环境优化的政策制定是一切行动的基准

针对文化遗产空间环境优化所制定的政策法规是从国家层面以行政立法的形式进行管理和保护的手段。完善的政策法规体系能够保证文化遗产空间环境优化的相关工作有章可循、有法可依。更为重要的是,相关政策法规的出台使得文化遗产空间环境优化受到了社会应有的重视,有效地制止了破坏文化遗产空间环境的行为。优化文化遗产景区空间环境的过程中需要行之有效的遗产政策为其保驾护航,因此制定完善的遗产法律政策对于遗产资源的开发与保护至关重要。

2）遗产景区文化环境的整体营造是文化遗产景区空间环境优化的核心内容

文化遗产景区空间环境优化所围绕的核心内容是营造出与文化遗产资源文

化内涵及历史环境相吻合的整体空间环境。对于破坏文化遗产景区周边历史空间环境的各类要素要进行"剔除"或者"调整",而对于那些符合文化遗产景区周边历史空间环境的要素要予以保护。总之,对文化遗产空间环境的优化工作要始终以营造与文化遗产相吻合的历史文化环境为核心任务。文化遗产景区空间环境优化要注重遗产景区整体空间环境的营造,从而实现遗产文化景观在空间上的协调。

3) 文化遗产景区空间环境优化的对象包括遗产本体及其周边环境

文化遗产景区空间环境优化除了注重世界遗产本体的保护,对遗产周边空间环境的保护和规划同样要予以重视。文化遗产景区空间环境的优化对象不再局限于遗产的本体,而是给予文化遗产及与其密切联系的周边空间环境组成要素以广泛的关注。这种文化遗产空间环境优化理念更加符合对文化遗产"真实性"和"完整性"的要求,因为文化遗产的保护和发展不能脱离其背景环境而单独存在。文化遗产景区空间优化的对象包括遗产资源本体及资源周边环境要素。

4) 空间环境要素的选取是文化遗产空间环境优化的重要前提

文化遗产景区空间环境优化工作的开展必须明确空间环境组成要素的内容。对于空间环境各类型组成要素的优化工作最终构成了文化遗产景区空间环境优化的核心内容。例如马莱保护区环境要素就被划分为建筑单体、通道、场地、绿化空间、树木、不同层级的区域六项内容,而马莱保护区空间优化的主要工作就是对所选取出的六种环境要素进行管理和优化。基于上述案例经验总结,本书针对皇城保护区的空间优化环境要素也进行了选取,从而为遗产空间环境的营造提供了优化对象。

3.2 澳门历史城区景观整体优化研究

3.2.1 历史性城市景观内涵

20 世纪 90 年代以来,越来越多的世界遗产景区周边环境遭遇大规模开发活动的威胁。2005 年"世界遗产与当代建筑——管理历史性城市景观"国际会议得以召开,这次会议提出"历史性城市景观保护"的理念。会上通过的《保护历史性城市景观维也纳备忘录》指出:历史性城市景观保护要"基于现存的历史形态、建筑存量和文脉,综合考虑当代建筑、城市可持续发展和景观完整性之间的关系"。历史性城市景观的内涵可以概括为由一组建筑物、构筑物或开放空间在它们所处的自然环境或生态环境中形成的集合体,类型包括考古遗址、古生物遗址以及某个特定时期构成人类聚居地的建成环境(阮仪三,2013)。

3.2.2　澳门历史城区发展现状

1) 充分体现中西文化交流的历史精髓

澳门历史城区保存了澳门四百多年中西文化交流的历史精髓。它是中国境内现存年代最远、规模最大、保存最完整和最集中,以西式建筑为主、中西式建筑互相辉映的历史城区。澳门历史城区是西方宗教文化在中国和远东地区传播历史重要的见证,更是四百多年来中西文化交流互补、多元共存的结晶。2005 年第 29 届联合国教科文组织世界遗产委员会的会议上,澳门历史城区获得一致通过,正式列入《世界文化遗产名录》。

2) 历史城区整体环境受到挑战

澳门历史城区保护面临了一些问题。澳门历史城区是澳门人口及建筑密集分布的区域,因此遗产保护与居民生活之间的矛盾成为建筑保护的重要问题之一。随着澳门城市建设的发展(见图 3－4),周边的新建建筑对历史城区的文化景观带来了不利影响和破坏。作为世界遗产中心区的教堂和街道景观虽进行了整治,但周边建筑环境仍需要进一步改善。2007 年,因松山灯塔景观受到周边建筑物高度的影响,联合国教科文组织向澳门特别行政区政府发出警告信,澳门世界遗产被黄牌警告。

3.2.3　历史城区整体环境优化策略

1) 历史景观整体性保护

对于历史性城市景观的保护要注重对历史城区的整体性保护及历史文化景观的延续性继承。作为世界文化遗产的"澳门历史城区"是澳门历史性城市景观的重要组成元素,这些区域历史上主要是葡萄牙人聚居区。此外,其周边区域还有中国人早期聚集区、内港地区以及路环的历史区域,这些区域与"澳门历史城区"共同组成澳门城市历史发展演变的重要组成部分。为了保持澳门历史性城市景观的延续性及完整性,上述历史文化区域应确定空间保护区域,或将其纳入遗产缓冲区范围内,从而实现澳门历史性城市景观整体性保护的目的。

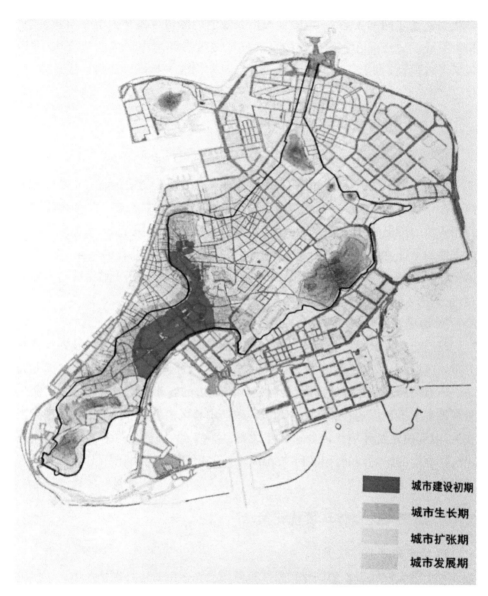

图 3-4　澳门城市空间发展过程

资料来源：《从上海到澳门——同济大学城市遗产保护与规划创新典型案例》

2）视觉景观体系营造

　　澳门历史城区整体环境优化及保护，要通过视觉景观体系营造，对周边区域建设活动实施有效管理。澳门历史城区整体环境的视觉景观体系营造，要依据历史性地标型建筑物同海景、山景及市景之间视觉景观的关系。依据《澳门历史性城市景观保护专题研究》的保护策略,应对现存较好的视觉景观空间进行建筑高度控制,保持制高点的视觉眺望景观;保存东望洋灯塔、大炮台、望厦炮台、主教山、马交石炮台之间以及这些标志性景点与海景、山景之间的视线通廊;保护核心旅游线路沿线重要景点、标志性观景平台及标志性建筑的背景眺望景观(见图3-5)。

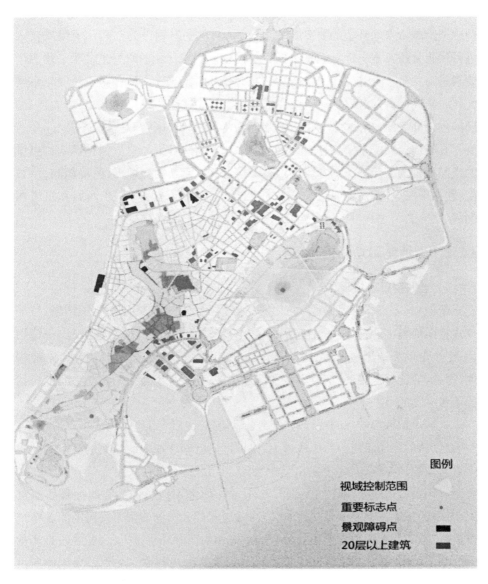

图 3-5 澳门标志性眺望景观控制

资料来源:《从上海到澳门——同济大学城市遗产保护与规划创新典型案例》

3.3 北京皇城保护区旅游整体环境优化研究

3.3.1 旅游空间环境优化要素及范围界定

要针对北京皇城保护区世界文化遗产旅游空间环境进行优化分析,首先要明确遗产旅游空间环境的要素构成,从而针对这些辨别出的空间环境组成要素进行优化分析。本书针对北京皇城保护区空间环境优化的研究主要从下述四个要素进行:土地使用功能优化、建筑物风貌优化、建筑物高度优化以及绿化空间优化。与此同时,北京皇城保护区空间优化范围界定如下:皇城以故宫为核心,区域内分布着皇家宫殿、御用坛庙、衙署库房等建筑,该区域所包含的空间环境要素真实地反映了皇家工作、生活的历史信息。依据《北京皇城保护规划》,皇城的空间范围为东至东皇城根,南至东、西长安街,西至西皇城根、灵境胡同、府右街,北至平安大街,占地面积约 6.8 平方千米,其行政区划分属于西城和东城两个区。

3.3.2 土地使用功能优化研究

1) 土地使用功能现状

依据《北京皇城保护规划》的相关内容以及我们实地调研的相关结果,目前故宫空间环境土地使用功能包括以下内容:教育科研用地、住宅用地、仓储用地、中小学及托幼用地、宗教用地、行政办公用地、市政设施用地、商业金融业用地、绿地、文化娱乐用地、工业用地和医疗用地,各类型土地使用功能空间分布情况请参见图 3-6。

皇城保护区旅游空间环境各类型土地使用功能的用地面积大小不一(见表 3-2)。其中绿地面积所占比重最大,保护区内空间环境中的绿地是该空间环境中自然景观的主题,其主要是由景山公园、中山公园、劳动人民文化宫、北海、中海、南海、皇城遗址公园内的公园绿地组成。住宅用地所占的空间面积居于其次,其中的普通住宅以四合院建筑为主,建设年代大多为清末至民国期间。建筑质量好、空间开敞且选料上乘的四合院过去多为衙署或官宦人家,此外还有相当一部分年久失修的院落,并且内部私搭乱建现象较为普遍。文化娱乐用地所占空间面积排名第三,故宫、中山公园、劳动人民文化宫等历史遗产用地都归入了文化娱乐用地。

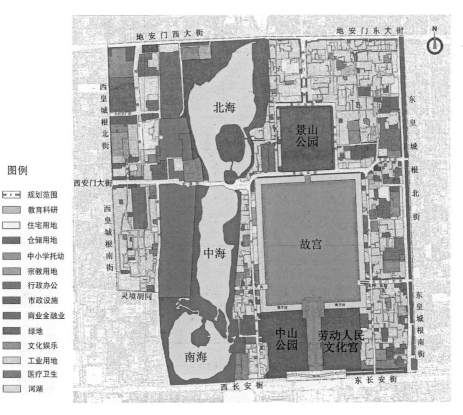

图 3-6　皇城保护区土地使用功能现状分布图

资料来源：《北京皇城保护规划》

表 3-2　皇城保护区各类型土地使用功能用地面积

土地使用功能	用地面积（单位：公顷）	所占比率（%）
教育科研用地	4.35	0.72
住宅用地	136.52	22.56
仓储用地	0.30	0.05
中小学及托幼用地	17.92	2.96
宗教用地	3.70	0.61
行政办公用地	70.24	11.61
市政设施用地	0.46	0.08

土地使用功能	用地面积（单位：公顷）	所占比率（%）
商业金融业用地	20.30	3.35
绿地	218	36.03
文化娱乐用地	115.33	19.06
工业用地	4.67	0.77
医疗用地	13.28	2.20
总　　计	605.07	100

资料来源：《北京皇城保护规划》

2) 土地使用功能优化策略

皇城保护区旅游空间环境土地使用功能的设定要以保护周边历史风貌和保存城市历史信息为原则。对于现有土地使用功能的优化要以调整为主要手段，具体策略包括保持、扩大及调整三个方面：尽可能地保持目前用地类型中具有历史延续性、符合皇城保护区整体文化内涵的土地利用类型；保护周边空间环境中被纳入保护单位所拥有的用地类型；对与保护区周边历史环境不相协调的用地类型进行调整。

依据上述空间环境土地使用功能的优化原则，具体的优化内容如下：现有的公园绿地、医疗卫生用地和行政办公用地的用地规模可保持基本不变；针对与保护区整体历史环境不相符合的工业用地和仓储用地进行有步骤的外迁，通过对厂房的拆除，改变其用地性质，将其逐步调整为兼容居住和文化娱乐用地；对于绿地要尽可能利用目前较为闲置的空间区域进行扩大，可以采用在街道两侧设置绿化带的形式；大规模商业设施的建设将不再被鼓励，取而代之的是服务街区的小型商业设施。

3.3.3　建筑风貌优化研究

1) 建筑风貌现状

《北京皇城保护规划》中依据空间环境中所含建筑的历史文化背景和价值、建筑形态和布局等因素将其分为五种类型：文物保护单位、具有一定历史文化价值的传统建筑和近现代建筑、与传统风貌比较协调的一般传统建筑、与传统风貌比较协调的现代建筑以及与传统风貌不协调的建筑。拥有不同风貌的建筑空间分布情况请参见图 3-7。

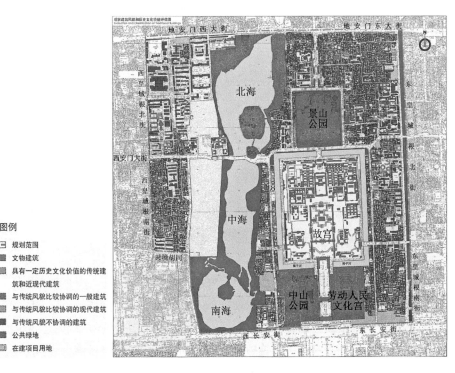

图 3-7　皇城保护区不同风貌建筑现状分布图
资料来源:《北京皇城保护规划》

　　皇城保护区旅游空间环境中五种不同风貌的建筑所占的建筑面积各异(见表 3-3),其中与传统风貌不协调的建筑几乎占到总建筑面积的一半,该类型风貌的建筑主要集中在保护区空间环境所包含范围的西北部区域以及东皇城根南北街道沿线地区。

表 3-3　皇城保护区不同风貌建筑的建筑面积

建筑风貌类型	建筑面积 (单位: 万平方米)	所占比率 (%)
文物保护单位	31.9	12.1
具有一定历史文化价值的传统建筑和近现代建筑	8.9	3.4

建筑风貌类型	建筑面积 （单位：万平方米）	所占比率 （％）
与传统风貌比较协调的一般传统建筑	63.4	24.0
与传统风貌比较协调的现代建筑	33.4	12.7
与传统风貌不协调的建筑	125.8	47.8
总　　计	263.4	100

资料来源：《北京皇城保护规划》

2）建筑风貌优化策略

皇城保护区旅游空间环境建筑风貌优化策略的核心是要依据不同类型风貌的建筑进行有针对性的调整。对于文物类建筑和有一定历史文化价值的传统建筑和近现代建筑要严格依照国家和北京市文化保护的相关法律法规进行保护和管理；与传统风貌比较协调的一般传统建筑要以保护和修缮为主，要尽量保持该类传统建筑的风貌特征；与传统风貌比较协调的现代建筑要首先识别出其与传统风貌较协调的部分，对于这些部分应予以保留；而对于与传统风貌不协调的建筑也应该分不同情况进行处理，对历史风貌破坏性极强的建筑应该予以拆除，而对于当下还不能立刻拆除的新建筑应对其进行整饰（例如对该类建筑的屋顶样式、墙面材料、色彩等因素进行整饰），对于破旧的平房可通过改造将其建设成传统四合院的形态。

3.3.4　建筑高度优化研究

1）建筑高度现状

皇城保护区空间环境内现有建筑的高度可以分为五种类型：平房、2层建筑、3～4层建筑、5～6层建筑、7层以上建筑。五种类型的建筑高度在保护区空间环境中的分布情况请参见图3-8。五种不同高度的建筑在保护区整体空间环境中所占面积各不相同（见表3-4），平房是保护区空间环境中主要的建筑高度类型，1～2层的建筑用地面积占到总建筑面积的69.2％，建筑的此种高度情况在相当大程度上决定了整体空间环境的高度，此种高度水平维持了保护区区域平缓的地理空间格局。5层以上的建筑占地44.6公顷，此类建筑高度基本上是与保护区空间环境不相协调的元素，所以皇城保护区空间环境的建筑高度应该予以严格限制。

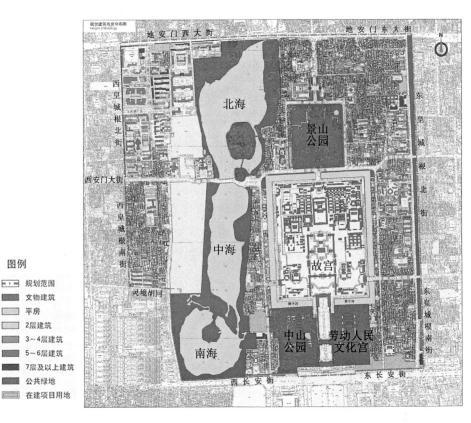

图 3-8　皇城保护区不同建筑高度现状分布图

资料来源:《北京皇城保护规划》

表 3-4　皇城保护区不同建筑高度用地面积

建筑高度分类	用地面积(单位:公顷)	所占比率(%)
平　　房	146.4	59.9
2 层建筑	22.6	9.3
3~4 层建筑	30.7	12.6
5~6 层建筑	36.4	14.8
7 层以上建筑	8.2	3.4
总　　计	244.3	100

资料来源:《北京皇城保护规划》

2）建筑高度优化策略

皇城保护区空间环境的建筑高度必须严格控制,同时还要重新界定该区域内的建筑高度建设标准,从而保持历史上周边平缓开阔的空间形态。在改造和新建1～2层的低矮建筑(平房或四合院)时,建筑高度要与其原有的高度保持一致,严禁超过原有建筑物的高度;针对现状为3层的建筑物,其改造更新后的建筑高度在9米以内;对于保护区空间环境中对整体历史环境破坏性最大的高层建筑原则上应该予以拆除,但目前的实际情况是难以在很短的时间内实现全部高层建筑的拆除,所以当下的处理方式是暂时允许已有高层建筑的存在,为了使该类建筑与保护区周边空间环境更相协调,采取了整饰手段对高层建筑进行一些改造。当对这些已有高层建筑进行重建时,新的建筑高度必须按照建筑高度标准规定严格执行;要停止审批在原有平房和四合院的区域建设3层以上的新建筑。

3.3.5 绿化空间优化研究

1）绿化空间现状

皇城保护区空间环境中的绿化空间主要由文物保护单位绿化空间、街道绿化空间以及受保护树木三个部分组成。文物保护单位绿化空间主要包含北海公园和景山公园等公园绿化空间;街道绿化空间是指沿主要街道两侧种植的行道树;受保护树木分为A类保护树木和B类保护树木,受保护树木主要分布在故宫、中山公园、劳动人民文化宫、景山公园、北海公园、中南海及其外部街区中。与此同时,在一些传统住宅院落中还保留了许多树木,从而形成了具有旧城历史风貌的绿化空间。皇城保护区空间环境的绿化空间分布情况请参见图3-9。

2）绿化空间优化策略

对于文物保护单位的绿化空间(包括绿地和树木)要严格予以保护,这不仅是营造保护区空间环境中绿化空间的需要,更是出于保护历史文物的责任和目的。同时还要建设一批小型公园和小型集中绿地,其中的小型集中绿地包括景观绿地和社区绿地。景观绿地是指沿主要街道的带状绿地以及沿河道铺设的绿地,社区绿地是指分布在街区中的小型绿地。树木构成了皇城保护区空间环境中独具特色的景观,它也是组成保护区生态环境的重要内容,对于分布在故宫及其周边空间范围内的树木要积极地进行保护,严格禁止砍伐行为。

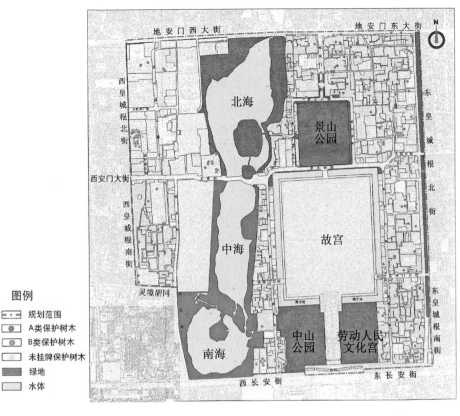

图 3-9　皇城保护区绿化空间现状分布图
资料来源：《北京皇城保护规划》

3.4　小结

　　本章首先对法国巴黎马莱保护区、英国伦敦旧城区及日本遗产景区空间环境优化进行案例研究，从而为本章文化遗产景区整体环境优化研究提供经验借鉴。本章主体部分选取澳门历史城区及北京皇城保护区为实证研究对象，对两个世界文化遗产景区整体环境优化进行系统研究：澳门历史城区景观整体优化研究，从历史性城市景观内涵入手，分析了澳门历史城区发展现状，在此基础上提出历史城区整体环境优化策略；北京皇城保护区旅游整体环境优化研究首先对旅游空间环境优化要素及范围进行界定，在界定基础之上，从土地使用功能、建筑风貌、建筑高度及绿化空间四个方面提出整体环境优化策略。

　　值得补充的一点是，文化遗产空间环境组成要素中除了有形空间环境要素以外,还包括无形空间环境要素。针对文化遗产空间环境的优化除了要关注有形空间环境要素的优化研究之外,同样需要对文化遗产的无形空间环境要素进行分析和优化。文化遗产旅游空间环境无形要素包括的内容很多,例如文化遗产所在地区的温度、干湿度、风向、风力、降水、空气污染程度、噪声环境等。文化遗产旅游无形空间环境的组成要素中有一部分是人力不可调控的,例如文化遗产所在地区的气候条件。还有一些要素则是可以通过人为努力进行优化的。

第4章 文化遗产景区缓冲区建设研究

4.1 文化遗产空间缓冲区研究

4.1.1 缓冲区内涵

缓冲区的概念由 Shelford(1941)正式提出,然而在此后相当长的时间内这一理念并未引起人们的重视,直到 20 世纪 70 年代联合国教科文组织(UNESCO)启动"人与生物圈计划"及"生物圈保护区计划"时,缓冲区的概念开始引起人们的关注(Wells,Brandon,1993)。联合国教科文组织(UNESCO,1984)规定:在缓冲区内只允许开展科学研究、环境教育、旅游、娱乐等活动。在此后的发展历程中,缓冲区的内涵被不断地修改和完善。缓冲区的内涵最初仅强调缓冲区域的形状和功能,如 Reid 和 Miller(1989)将缓冲区的内涵定义为:将不利影响阻挡在自然保护区之外的环形地带。Sayer(1991)认为缓冲区是位于国家公园或者自然保护区之外的区域,为了提高缓冲区的保护价值禁止利用缓冲区内的资源或在缓冲区内开展经济活动。Wild 和 Mutebi(1997)认为缓冲区位于保护区的内部或者外部。缓冲区的功能是加强保护区与邻近社区之间的合作,并降低保护区的消极作用。缓冲区的首要功能是通过限制保护区附近土地的使用从而为保护区提供一个额外的保护层,其次才是为附近的社区提供有价值的利益。

除此以外,部分学者还从缓冲区内的活动类型来阐述缓冲区的内涵:Wells 和 Brandon(1993)认为在缓冲区内可以开展传统的狩猎、垂钓、拾薪、伐枯木、采收果实、季节性放牧、砍伐竹子及牧草等活动,但禁止烧荒、砍伐活立木、修建建筑物及建立种植园。缓冲区的这种内涵显然更偏重社会经济功能。我国对于缓冲区的建设也拥有相关的法规,《中华人民共和国自然保护区条例》(以下简称《条例》)中明确规定:"缓冲区是位于核心区之外且具有一定面积的区域。在缓冲区内只准从事科学研究活动,禁止开展旅游和生产经营活动"。可见我国关于缓冲区的规定更为严格,缓冲区区域内仅限于对保护有益处的科研活动。虽然缓冲区的内涵很丰富,但是学术界在缓冲区的作用及允许在缓冲区开展的活动类型方面仍然存在很大争议。

4.1.2 缓冲区空间组织模式

国内学者于广志和蒋志刚(2003)对于缓冲区的空间组织模式进行了系统总结。缓冲区最基本的空间组织模式可分为内部缓冲区和外围缓冲区两类:内部缓冲区(见图4-1a)作为自然保护区的有机组成部分位于自然保护区内部近边缘处,其目的在于减少自然保护区对土地的占有(Hough,1988),然而若允许在缓冲区内开展经济生产活动,内部缓冲区的设置实际上是缩小了自然保护区的有效面积。外围缓冲区(见图4-1b)位于自然保护区外围近边缘处(Shelford,1933)。外围缓冲区的设置在一定程度上扩展了保护区的影响范围,其生物保护功能优于内部缓冲区。在内部缓冲区和外围缓冲区的基础之上,缓冲区的其他

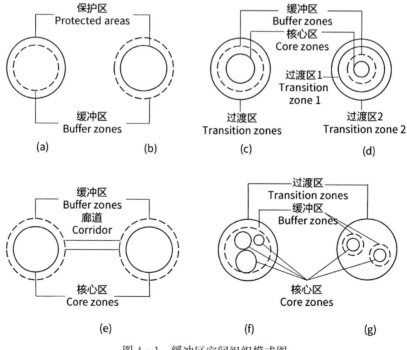

图4-1 缓冲区空间组织模式图

资料来源:于广志,蒋志刚.自然保护区的缓冲区:模式、功能及规划原则[J].生物多样性.2003,11(3):256-261.

空间组织模式也相继被提了出来：目前我国所提倡采用的缓冲区空间组织模式是联合国教科文组织于 1984 年提出的"核心区—缓冲区—过渡区"模式见图 4 - 1(c)。该模式主张严格保护核心区内的生态系统和物种，对缓冲区的限制则较核心区少，缓冲区内部的科研和培训等活动被要求不能影响核心区的生态系统及物种。过渡区内允许开展各种可持续的实验性经济活动(Laura,1988)。在此种模式下缓冲区相当于内部缓冲区，而过渡区相当于外部缓冲区。其中的"过渡区"在新发展出的缓冲区空间组织模式中被进一步扩展，从而形成"核心区—缓冲区—过渡区 1—过渡区 2"型缓冲区模式，如图 4 - 1(d)所示。此外缓冲区之间的相互联系也纳入了研究的范畴从而提出"核心区—外围缓冲区—廊道"型空间组织模式，见图 4 - 1(e)，"多个核心区由一个共同的缓冲区包围"型空间组织模式，见图 4 - 1(f)以及拥有不同缓冲区的多个核心区通过共同的过渡区和廊道联系在一起的空间组织模式，见图 4 - 1(g)。

4.1.3　缓冲区设定原则

缓冲区设计的合理与否直接关系到缓冲区功能能否得到发挥，因此科学合理地设计缓冲区是十分关键的环节(Li et al.,1999)。有学者指出针对自然保护区缓冲区设计的一般原则，即在很好地保护自然保护区内生物多样性的同时，确保缓冲区给保护区带来的收益要大于建设时的投入成本(寸瑞红,2002)。此外还有学者针对缓冲区设定的其他原则进行了下述研究：根据缓冲区的设立目的、可利用土地、传统的土地利用系统、威胁及机遇等多种因素确定缓冲区的最佳大小；根据当地土地利用矛盾的大小确定缓冲区的内外位置(Shyamsundar,1996)，土地利用矛盾小则建立外部缓冲区，土地利用矛盾大则建立内部缓冲区。从社会经济角度来看，缓冲区的设计应当考虑当地居民的需要、兴趣及知识水平等。与此同时缓冲区在设计时还要考虑相应的立法和管理方式(寸瑞红,2002)。

4.1.4　缓冲区类型及功能

缓冲区的常见类型包括传统利用区、物理缓冲区、森林缓冲区、河滨缓冲区、防疫缓冲区、防火缓冲区、社会缓冲区、文化缓冲区、经济缓冲区和地理-行政缓冲区等类型(于广志等,2003)。依据缓冲区的类型及建设目的的不同，缓冲区也被赋予了不同的功能，尽管缓冲区的功能很多而且不同的国家对缓冲区功能界定的侧重点也存在差异，但归纳起来主要可以分为以下功能。

1) 空间保护与生态缓冲功能

空间保护与生态缓冲是缓冲区最基本的功能,其功能的核心作用是将外来影响限制在核心区即保护区之外,加强对核心区或保护区范围内生物的保护(Wells et al.,1992)。部分学者通过实践研究证明了缓冲区能直接或间接地阻隔人类对核心区或保护区的人为破坏,(Wells,Brandon,1993),这些人为破坏因素主要有:人类的践踏、交通工具、放牧活动、杀虫剂的使用(Shafer,1999)以及人为引起的火灾(Shelford,1993)等因素。缓冲区还能在一定程度上阻断外来植物物种通过人类或者动物的活动进行传播和扩散,从而防止外来物种对本地物种的威胁和侵占(Hanski,1992)。缓冲区还能起到过滤重金属和有毒物质的作用,防止其扩散到核心区或保护区范围内(Deroanne-Bauvinet et al.,1987)。除此之外,缓冲区还能为动物提供临时栖息地和迁徙通道(Vujakovic,1987),保护区往往会因面积有限而阻断了某些动物的自然移动或迁徙活动,而外部缓冲区作为保护区的外延不但能够扩大野生动物的栖息地,而且能够缩小保护区内外野生动物生存环境方面的差距(Stamps et al.,1987)。

2) 为周边社区提供利益

缓冲区的设立可适当地补偿附近居民由于不能进入核心区而造成的一些损失,该项功能被认为是缓冲区的第二大功能(Wells,Brandon,1993)。居民可以在缓冲区范围内通过为旅游者、科学家或其他人群提供相应的服务而增加收入(Gibson,Marks,1995)。近些年来开展的"综合保护与发展项目"(Integrated Conservation-Development Projects,ICDPs)更是希望通过发挥缓冲区的该项功能从而让附近居民主动参与到保护区的管理中(Vandergeest,1996)。

3) 教育及科研功能

由于缓冲区与核心区的各项条件都较为相似,在缓冲区范围内的研究成果可以很好地应用到核心区的保护与管理中,因此缓冲区有利于开展各种科学研究。通过很好地管理缓冲区,可以进一步将其作为当地或者其他地区核心区保护的参考典范,从而用事实向公众、土地管理者及立法者证明缓冲区的重要作用(Shafer,1999)。

4) 旅游功能

缓冲区范围内被禁止生产经营活动,但是允许旅游活动的开展。更重要的是,缓冲区范围内的良好自然环境和人文环境对于旅游者来说具有极大的吸引力。缓冲区为人们追求回归自然、放松自我的精神诉求提供了宝贵的场所(Shafer,1999)。

4.1.5　遗产缓冲区圈层结构保护模式

"圈层结构"保护模式是世界文化遗产缓冲区设置中经常采用的空间组织方式。在"圈层结构"保护模式中,世界文化遗产及其周边空间环境被划分为遗产核心区、遗产保护区、遗产缓冲区三个圈层区域。每个空间区域具有其不同的功能和特点(见图4-2),三个圈层区域的功能如下。

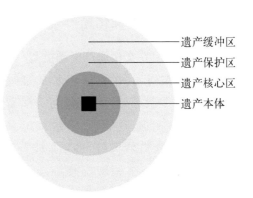

图4-2　世界文化遗产缓冲区的圆圈结构保护模式

1) 遗产核心区

遗产核心区是包含遗产本体的区域,也是世界文化遗产最重要价值被体现的空间区域。以维护世界文化遗产的真实性为目标的对遗产本体的保护是在该区域中的首要任务。区域内禁止以追求经济利益为目的的建设开发,仅仅面向以遗产管理和科学研究等为目的的人群开放,或者是在确实对遗产保护没有影响的前提下允许开展公众的参观游览活动。

2) 遗产保护区

遗产保护区的划定是以保护世界文化遗产的完整性为目的,体现世界文化遗产完整价值的空间区域。在容量控制的前提下可以供开放参观,该区域内部的建设活动被严格限制,允许建设最基本的服务设施,但所有的新建设施必须与世界文化遗产保护区域内的历史原貌相一致,不能破坏该区域内原有的历史文化环境的和谐性。

3) 遗产缓冲区

遗产缓冲区是为了避免对世界遗产地的不利影响而设定的风貌协调区域。在文化遗产缓冲区划定区域内保持其周围原有的历史环境,是为了满足与世界文化遗产的各种文化内涵所反映出的历史风貌相协调的环境要求,同时也是世界文化遗产影响区域向周边毗邻的更广大范围环境过渡的缓冲区域。在这个区域内要求对世界文化遗产和周边空间区域做到景观风貌的协调。除了在空间上划定缓冲区域以保护环境风貌的协调性之外,还要在缓冲区范围内举办相应的文化活动,激活世界文化遗产所蕴藏的文化内涵,从而从精神层面保护和传承世界文化遗产(赵晓宇,2006)。

4.2 北京世界文化遗产景区缓冲区特征

4.2.1 北京世界文化遗产资源分析

1) 北京世界文化遗产资源类型

目前,被列入《世界遗产名录》的世界遗产类型包括四种:世界文化遗产、世界自然遗产、世界文化与自然双重遗产、世界文化景观。其中世界文化遗产包含文物、建筑群、遗址、口头与非物质文化遗存四种遗产类型,世界自然遗产包含自然风貌、地质地貌及濒危物种生态区、自然风景名胜三种类型(见表4-1)。

表 4-1 世界遗产分类及其内涵

世界遗产	世界文化遗产	文物	从历史、艺术或科学角度看具有突出的普遍价值的建筑物、碑雕和碑画,具有考古性质成分或结构、铭文、窟洞以及联合体
		建筑群	从历史、艺术或科学角度看,在建筑式样、分布均匀或与环境景色结合方面,具有突出的普遍价值的单立或连接的建筑群
		遗址	从历史、审美、人种学及人类学角度看具有突出普遍价值的人类工程或自然与人工联合工程以及考古遗址等地方
		口头与非物质文化遗存	被各群体、团体,有时为个人视为其文化遗产的各种实践、表演、表现形式、知识和技能及有关的工具、实物、工艺品和文化场所
	世界自然遗产	自然风貌	从审美或科学角度看具有突出的普遍价值的由物质和生物结构或这类结构群组成的自然面貌
		地质地貌及濒危物种生态区	从科学或保护角度看具有突出的普遍价值的地质和自然地理结构以及明确划为受威胁的动物和植物生境区
		自然风景名胜	从科学、保护或自然美角度看具有突出的普遍价值的天然名胜或明确划分的自然区域

续　表

世界遗产	世界文化与自然双遗产	含有文化与自然两方面因素的遗产	在历史、艺术或科学及审美、人种学、人类学方面有着世界意义的纪念文物、建筑物、遗迹等内涵的文化遗产,和在审美、科学、保存形态上特别具有世界价值的地形或生物,包括景观在内的地域等内容的自然遗产融合起来就构成了双重遗产
	世界文化景观	指自然与人类的共同作品	由人类有意设计和建筑的景观;有机进化的景观;关联性文化景观

资料来源：张倩.历史文化遗产资源周边建筑环境的保护与规划设计研究[D].西安建筑科技大学,42-43.

　　北京拥有七处世界遗产,即周口店北京人遗址、北京明清故宫、长城、大运河、颐和园、天坛和明十三陵。该七处世界遗产类型均为世界文化遗产,每处遗产资源均以其独具特色的核心价值在不同时间被联合国教科文组织世界遗产委员会依据真实性原则列入《世界遗产名录》。与此同时,联合国教科文组织还针对每处世界文化遗产做出了遗产的真实性评价(见表4-2)。

表4-2　北京世界文化遗产类型内涵及真实性评价

世界遗产名称	世界遗产类型	列入《世界遗产名录》时间	核 心 价 值	真 实 性 评 价
周口店北京人遗址	世界文化遗产	1987	反映生活在中更新世时代北京猿人的生活遗迹,该遗址不仅是有关远古时期亚洲大陆人类社会的一个罕见的历史证据,而且也阐明了人类进化的进程	周口店北京人遗址是人类进化的历史证据,该遗址保存了真实的历史信息,并促进了有关早期人类起源的研究。发现化石的地点及其现场环境得到了有效保护。该遗址保护工作的开展严格依照文化遗产保护原则在设计、材料、方法和技术方面的要求
北京明清故宫	世界文化遗产	1987	故宫是世界上规模最大、保存最完好的古代皇宫建筑群,是中国古代建筑最高水平的体现。这座雄伟的建筑为清朝历史以及满族和中国北方其他部族的文化传统提供了重要的历史见证	北京的故宫在建筑布局、设计及建筑装饰方面突出体现了中国古代的等级制度思想。中国皇家木结构建筑的最高技术和艺术成就被故宫真实地体现出来,与此同时,相关的传统工艺也得到传承。故宫的建筑及相关历史遗存真实地反映了当时我国皇室的生活方式和价值观念

续　表

世界遗产名称	世界遗产类型	列入《世界遗产名录》时间	核 心 价 值	真 实 性 评 价
长城	世界文化遗产	1987	长城是世界上最大的军事设施。其在建筑学上的价值足以与其在历史和战略上的重要性相媲美	长城现有的组成元素保留了其历史上的空间位置、外形、材料、工艺和结构。长城历史上的空间布局及不同的组成要素被很好地保存下来。长城将军事防御设施的建设与地形特征完美地结合从而形成特殊的遗产景观,这一景观被真实地保留下来
颐和园	世界文化遗产	1998	始建于 1750 年,1886 年在原址上重新进行了修缮。其亭台、长廊、殿堂、庙宇和小桥等人工景观与自然山峦及开阔的湖面和谐地融为一体,具有极高的审美价值,堪称中国风景园林设计中的杰作	颐和园的保护措施和景观维护均按照历史记载,采用传统工艺和材料,从而保持和传承了遗产真实的历史信息。针对该遗产的保护工作很好地传承了其真实性的内涵
天坛	世界文化遗产	1998	天坛是我国明朝和清朝皇帝举行祭天大典的祭坛,也是世界上最大的祭天建筑群。天坛在整体布局及建筑设计上均反映出天地之间的关系,而这一关系在中国古代宇宙观中占据着核心位置。同时,天坛的建筑还体现出帝王在这一关系中所起的独特作用	该遗产的景观布局和历史建筑都保存得较为完好。为了保存历史原貌,天坛的管理和维护工作均严格依据相关历史文献和考古证据开展。天坛的展览及展示设计也很好地反映了该遗产的真实性。天坛的总体布局和建筑特色生动鲜明地反映出中国传统哲学观点及宇宙进化论观点,同时真实地反映出我国当时的政治、文化观念及历史特征
明十三陵	世界文化遗产	2003	寝陵遵照中国传统的占卜和风水理论进行建设,饰以大量以龙为主题的石雕、雕刻和瓦片,展示了我国古代墓葬建筑的历史特征	该遗产的建筑及历史环境被真实地保存下来,针对遗产建筑物的修复工作严格遵循相关的历史记载和考古资料。该遗产的建筑和周边环境真实地反映了我国古代皇家丧葬制度,真实明确地传达了当时社会人们的意识和观念
大运河	世界文化遗产	2014		

注：根据联合国教科文组织世界遗产中心网站(http://whc.unesco.org)及国家文物局网站(http://www.ncha.gov.cn/index.html)相关内容整理而成。

2) 北京文化遗产资源特征

（1）北京遗产资源价值高且数量多。北京所拥有的世界文化遗产具有历史价值高且数量多的特点。北京有着 3 000 多年的建城史与 800 多年的建都史，北京悠久的发展历史造就了其丰富的历史古迹，并留下了珍贵的文化遗产。与此同时，北京数量众多的文化遗产中有六项被联合国教科文组织收录到《世界遗产名录》中而成为举世闻名的世界文化遗产，自此北京成为世界上拥有世界遗产最多的城市，成为享誉世界的历史文化名城。

（2）遗产旅游是北京最重要的旅游类型。北京文化遗产旅游活动发展迅速。遗产旅游是北京最重要的旅游类型，文化遗产资源已成为北京旅游业发展的核心资源及最重要的旅游吸引物，其中故宫更是由于其在国际社会上的高知名度而成为吸引国际国内游客的核心旅游景点之一。北京的世界遗产景区所接待的游客人数不断攀升，旅游收入逐年增多，文化遗产旅游已经成为北京旅游业发展中最重要的组成部分。

（3）遗产开发与保护的矛盾开始凸显。遗产资源开发与保护的矛盾已经在北京世界遗产的发展中开始凸显。中国已进入全世界十大旅游接待国的行列，北京作为全国旅游中心城市以及最主要的旅游创汇创收基地，其旅游业的发展更加突出，其中北京的文化遗产旅游更是在促进北京整体旅游业发展的过程中充当着中流砥柱的角色。然而北京文化遗产脆弱的自然、生态及人文环境却与旅游业的快速发展形成了强烈的反差，数量庞大的游客所带来的一系列负面影响，使北京的文化遗产资源承受着巨大的压力。因此探求文化遗产资源保护与开发和谐发展的方式势在必行。

（4）文化遗产历史空间环境遭到破坏。文化遗产本体及周边历史空间环境遭到一定程度的破坏。为了满足众多游客在旅游过程中产生的各种需求，相关部门会在文化遗产景区内部配备各种旅游设施，而这些设施的出现便在一定程度上破坏了遗产原本的空间环境；而文化遗产周边的空间环境的保护则受到城市建设的挑战和威胁，随着北京城市的不断发展，在文化遗产景区周边不断出现与遗产建筑风格差异巨大的各类新建筑，从而破坏了文化遗产的整体历史文化风貌。因此，针对文化遗产景区开展空间优化研究具有重要的意义。

（5）游客游览行为对真实性保护造成威胁。游客的不当游览行为对文化遗产真实性保护造成一定程度的威胁。游客是文化遗产旅游活动的主体，游客的游览行为会直接对文化遗产资源产生影响。北京文化遗产景区高密度的旅游人流和部分游客不文明的旅游行为对文化遗产景区环境造成的破坏比较普遍，如果不加强文化遗产景区的游客管理,文化遗产的真实性保护将会遭受威胁。

（6）文化遗产发展缺乏有效的法律政策保障。我国已出台《中华人民共和国非物质文化遗产法》,同时,我国文化遗产保护与开发工作的开展还能参照其他法律法规的相关条例(例如《中华人民共和国文物保护法》《风景名胜区管理暂行条例》)。我国针对遗产保护与开发制定了一些地方性法规,虽然起到了一些积极的效果,但其法律效力较弱,因此执行力不够。总体来看,我国遗产相关法律法规政策的不健全导致文化遗产资源缺乏有效的政策保障。基于此种情况,开展遗产法律法规政策方面的研究对于文化遗产的发展举足轻重。

4.2.2　文化遗产景区空间分布特征

本书运用 ArcGIS 工具对北京六大世界文化遗产(故宫、颐和园、长城、天坛、明十三陵、周口店猿人遗址)的空间分布规律进行了分析,由于大运河特殊的空间位置,未将其纳入分析内容以北京市地形图为基础底图,对北京六个世界文化遗产资源景区进行精确的坐标定位,从而分析出北京文化遗产景区在北京范围内的空间分布特征及地形分布特征。

从北京世界文化遗产景区空间分布图(图 4-3)可以总结出北京世界文化遗产景区空间分布特征:北京的六个世界文化遗产景区主要分布在北京境内的中部及西部地区;其中,颐和园、故宫及天坛三个世界遗产景区处于北京城市中心区域且景点之间距离较近,而长城、明十三陵及周口店猿人遗址则分布在北京西部较偏远的区域。

4.2.3　文化遗产景区地形分布特征

北京世界文化遗产景区所在位置的地形特征可从北京世界文化遗产景区空间分布图(图 4-3)进一步总结出来:北京六个世界文化遗产景区所在位置的地形情况存在差异。故宫、颐和园和天坛所处位置主要是北京中部地势较为平坦的区域,而长城、明十三陵和周口店猿人遗址则处在北京西部地势较高的区域。北京六大世界文化遗产所处位置及地形的不同与其各自在建造时的历史作用存在密切联系。

4.2.4　文化遗产景区缓冲区交通可达性

本书在对北京六个世界文化遗产景区空间分布规律进行研究之后,对其交通可达性也进行了初步分析。景区的交通可达性与其周边的道路分布情况具有直接和密切的联系,道路分布情况是衡量景区交通可达性的重要因素之一。一

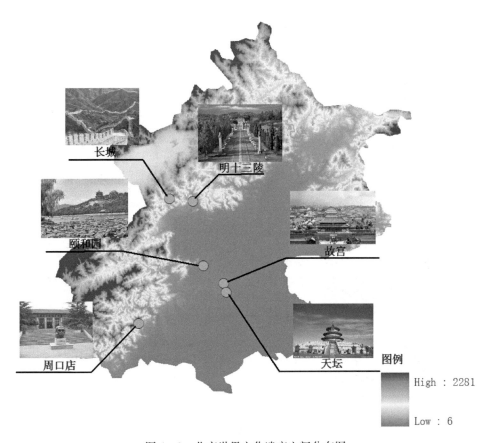

图例

High：2281

Low：6

图 4-3　北京世界文化遗产空间分布图

般来说,景区周边空间范围内的交通道路数量越多,其景区的交通可达性越高,反之则景区的交通可达性越差。基于上述原理,本书以北京市主要道路交通路线图为基础底图,运用 ArcGIS 工具以北京六大世界文化遗产景区点为中心做半径为 1 000 米的缓冲区分析(见图 4-4),从而得出北京各个世界文化遗产景区在其周围 1 000 米半径的空间范围内所覆盖的主要交通道路情况,继而得出北京各个世界文化遗产景区的交通可达性情况。分析结果如下:故宫 1 000 米缓冲区范围内覆盖了 9 条主要交通路线;颐和园 1 000 米缓冲区范围内覆盖了 2 条主要交通路线;天坛 1 000 米缓冲区范围内覆盖了 2 条交通路线;周口店猿人遗址 1 000 米缓冲区范围内覆盖了 1 条交通路线;长城 1 000 米缓冲区范围内覆盖了 4 条交通路线;明十三陵 1 000 米缓冲区范围内覆盖了 4 条交通路线。由此可见北京的世界文化遗产中故宫的交通可达性最好,长城和明十三陵的交通可达性一般,而颐和园、天坛以及周口店猿人遗址的交通可达性较差。

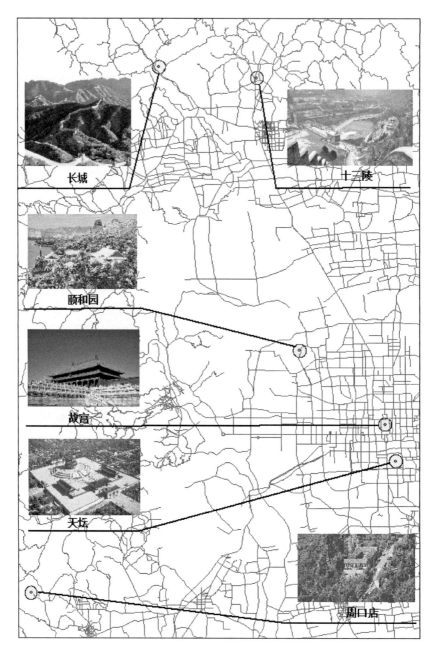

图 4-4　北京世界文化遗产空间缓冲区分析图

值得注意的是交通道路的数量多少仅是影响旅游景区交通可达性的一个重要方面。此外，景区周边交通道路的等级以及各种交通工具的使用情况均对景区的交通可达性造成影响，因此本书基于交通道路数量得出的北京世界文化遗产交通可达性的结论只是大致反映了相关现状。此外,由于北京行政区划范围所占面积较大,如果以北京整个交通道路图为底图,就会造成北京世界文化遗产景区以 1 000 米为半径所划出的缓冲区最终反映在图上只能表现为点的形式,于是,本书截取了北京部分交通道路图作为底图,对北京世界遗产景区的缓冲区在空间上进行了描述,在这种情况下,遗产景区周围 1 000 米的缓冲区以面域要素的形式进行了呈现。

4.3　北京世界文化遗产景区缓冲区建设

4.3.1　北京世界遗产景区缓冲区建设概况

北京所拥有的世界文化遗产均开展了景区缓冲区的相关建设工作:针对长城的相关保护条例规定在北京辖区内长城两侧的一定区域内不得搞建设。周口店北京猿人遗址划定的缓冲范围内已经搬离污染环境的工厂。颐和园及天坛缓冲区范围是原北京市政府公布的建设控制地带面积的多倍。十三陵由明显陵、清东陵、清西陵等多个陵园组成,由于其周围的历史景观均为林地,所以其缓冲区面积非常大。针对故宫博物院的缓冲区建设则是北京世界文化遗产缓冲区建设工作中最为全面系统的工程。以下将从故宫缓冲区空间范围划定、建筑风格限定、建筑高度限制以及基础设施建设四个方面对其进行分析。

4.3.2　故宫遗产景区空间缓冲区建设

1) 故宫文化遗产特征

故宫是在明、清两代皇宫建筑及其藏品的基础上建立起来的综合性博物馆。它位于北京市中心,前通天安门,后倚景山,东近王府井街市,西临中南海。故宫南北长 961 米,东西宽 753 米,面积约为 725 000 平方米。建筑面积 15.5 万平方米。宫城周围环绕着高 12 米,长 3 400 米的宫墙,形成一个长方形城池,墙外有52 米宽的护城河环绕。1961 年经国务院批准,故宫被确定为全国第一批重点文物保护单位。1987 年故宫被联合国教科文组织列入《世界文化遗产名录》,成为享誉世界的著名文化遗产。

a. 故宫遗产核心价值

联合国教科文组织世界遗产中心在其官方网站上对故宫的真实性内涵做出下述评述:北京的故宫在建筑布局、设计及建筑装饰方面突出体现了中国古代的等级制度思想。中国皇家木结构建筑的最高技术和艺术成就被故宫真实地体现出来,故宫的建筑及相关历史遗存真实地反映了当时我国皇室的生活方式和价值观念。与此同时,相关的传统工艺也得到传承。此外,联合国教科文组织还在《世界遗产名录》中收录了其他国家的皇家建筑,通过与不同国家皇家历史建筑进行对比(见表4-3),可以更清晰地体现出故宫作为世界文化遗产的核心价值所在。

表4-3　故宫与其他同类型世界文化遗产特征分析

世界遗产名称	收录时间	所在国家	遗产特征
故宫	1987	中国	中国明清两个朝代的皇宫,先后有24位皇帝居住在此,它是时间长达5个多世纪的中国最高权力的中心,是集园林景观和建筑群于一体的独具特色的木质古建筑群
枫丹白露宫	1981	法国	12世纪起成为法国国王的居住场所,先后在此居住的法国国王包括弗朗西斯一世、亨利二世、亨利四世、路易十四、路易十五、路易十六和拿破仑等;这座意大利风格的宫殿被花园所环绕,完美融合了文艺复兴时期的建筑风格并很好地融合了法国传统艺术文化
凡尔赛宫	1979	法国	法国国王路易十四到路易十六时期皇家御用宫殿、欧洲王室官邸建筑的完美典范
克里姆林宫	1990	俄罗斯	建于公元14~17世纪,是沙皇的住宅和宗教中心,建筑形式融合了拜占庭、俄罗斯、巴洛克、希腊和罗马等不同的建筑风格
申布伦宫	1996	奥地利	从18世纪到1918年,申布伦宫是哈布斯堡王朝君主的住所,巴洛克式风格建筑群
昌德宫	1997	韩国	15世纪早期太宗皇帝下令建造的宫殿,宫殿依照地形特征进行设计,布局严谨,被誉为朝鲜王朝时代造景艺术的杰作

注:根据联合国教科文组织世界遗产中心网站(http://whc.unesco.org)相关内容补充整理而成。

通过分析联合国教科文组织世界遗产中心针对故宫真实性内涵所做评述以及故宫与其他同类型世界文化遗产特征的对比可知:正是由于极高历史价值的建筑和藏品被很好地留存下来,故宫才顺利入选《世界遗产名录》。故宫建筑依据其布局与功用分为"外朝"与"内廷"两大部分。"外朝"与"内廷"以乾清门为界,乾清门以南为外朝,以北为内廷。故宫外朝、内廷的建筑气氛迥然不同,外朝以太和殿、中和殿、保和殿三大殿为中心,是皇帝举行朝会的地方,是封建皇帝行使权力、举行盛典的地方;内廷以乾清宫、交泰殿、坤宁宫后三宫为中心,两翼为养心殿、东六宫、西六宫、斋宫、毓庆宫,后有御花园,是封建帝王与后妃居住之所。故宫拥有总数超过 180 万件的珍贵馆藏,其中包括明清时代遗留下来的旧藏珍宝和通过国家调拨、社会征集以及私人捐赠等方式得到的大量文物,这些文物充分体现和彰显着故宫浓厚的文化和人文底蕴。

b. 故宫是北京遗产景区发展现状的缩影

故宫在北京六个世界文化遗产中占据着不可替代的核心地位,故宫丰富的文化内涵和重要的历史价值对研究和传播北京的历史文化以及打造"北京世界遗产品牌"有着举足轻重的作用。故宫的管理内容和可持续发展模式对全国其他遗产景区的开发与保护具有重要的示范作用。与此同时,故宫遗产景区集中体现了北京世界文化遗产景区发展过程中所面临的问题与挑战,故宫景区遗产开发与保护的矛盾由来已久,故宫景区周边历史空间环境由于城市建设及人为因素受到一定程度的破坏,游客游览活动对故宫遗产真实性保护造成了威胁,故宫的景区发展问题就是北京世界文化遗产景区发展现状的缩影。因此,针对故宫景区旅游发展的实证研究对北京其他世界文化遗产景区具有很好的借鉴作用。本书下面的核心章节将以故宫世界文化遗产景区为研究案例区域,基于对游客体验及遗产真实性关系、空间环境优化、游客管理及政策制定四个方面内容的研究,总结出遗产游客体验与遗产真实性保护均衡发展的方式。

2) 故宫缓冲区空间范围划定

故宫是我国首批被列入《世界遗产名录》的文化遗产,也是我国国家级重点历史文化保护单位。根据联合国教科文组织世界文化遗产委员会第 28 次会议的相关要求,故宫须在 2005 年 2 月份之前划定遗产的保护缓冲区范围。北京市政府及相关部门根据要求共制定了四个故宫缓冲区方案:第一个方案为原皇城空间范围,然而这个方案所划定的空间范围面积较小,达到联合国教科文组织的要求较为困难;第三个方案所划定的空间范围为北至平安大街,南至广安大街,东至东单东四大街,西至西单西四大街;第四个方案所划定的空间范围为北京二环路以内范围。然而第三套和第四套方案所划定的范围内所涉及的改建项目太多而无法实现,因此这两套方案被最终放弃。最终故宫缓冲区的划定选定了第二套方案。

在南非德班召开的第 29 届世界遗产大会审议并通过了故宫缓冲区保护规划方案。该方案划定的故宫缓冲区范围(即第二套方案)如下：向南扩展到天安门广场、前门，包括国家博物馆和人民大会堂；缓冲区的北部，则一直覆盖了皇城以北至北二环路之间的部分；缓冲区东线，从南至北分别划至历史博物馆东侧路、东皇城根、安定门内大街；西线从南至北分别划至人民大会堂西侧路、西黄城根、鼓楼内大街。故宫缓冲区空间范围内包含了什刹海、皇城、南锣鼓巷、北锣鼓巷和国子监 5 处历史文化保护区及建设控制区。多年来，故宫缓冲区所包含的空间范围一直采取较为严格的控制措施，虽然该区域内存在个别的现代高层建筑，但其总体的历史文化风貌基本被保存下来。

3) 故宫缓冲区建筑风格限定

根据故宫缓冲区的管理要求，故宫缓冲区范围内应保持历史传统风貌，保护历史建筑及其文化的真实性；胡同、四合院实施严格保护，原则上不得成片拆除此范围内的胡同、四合院，主要街巷原则上不再继续加宽。此外，对故宫缓冲区范围内新建筑的建设有严格的规定，为了最大限度使新建筑与故宫周围历史文化风貌保持一致，故宫保护缓冲区的新建筑需要在高度、体量、色调、风格、尺度、样式、色彩等方面做出严格限制。根据《北京皇城保护规划》《北京历史文化名城保护规划》及历史文化保护区建设控制地带的规定，故宫缓冲区范围内将不会再新建诸如大型玻璃建筑，颜色过于艳丽、造型过于西化的新建筑。与此同时，缓冲区内建造新建筑时还需要得到规划部门和文物部门的同意才能动工。作为国家重点文化工程的国家话剧院，为了适应缓冲区的历史风貌，协商后从原定于地安门商场对面的区域撤出，另觅新地址进行了建设。

4) 故宫缓冲区建筑高度限制

"站在故宫三大殿(太和殿、中和殿、保和殿)的平台上，往四周眺望时，应该看不到任何破坏景观的高层建筑。"这是联合国对故宫缓冲区实现效果的要求。根据故宫缓冲区保护规划方案的规定，故宫缓冲区内将不允许新建高度超过 9 米的现代建筑。既有的高层现代建筑，也需要在今后逐步拆除，或者是"剃头"减高。故宫缓冲区内的北京市房管局办公楼原本是近 20 米的 6 层楼房，与周边历史文化街区风貌不协调，目前已拆掉了顶上 3 层。故宫缓冲区内的已有高层建筑不会被立即全部拆除，而是本着实事求是的精神在今后逐步解决。

5) 故宫缓冲区基础设施建设

北京市文物局表示，尽管缓冲区内禁止大拆大建，但基础设施建设不会禁止。只要符合与故宫风貌相协调的原则，在保持现有风貌的前提下，今后区内依然可以搞建设。包括供暖、下水管道等基础设施会逐步得到完善。但是,施工将以"微循环"和"有机更新"的方式代替大拆大建,进行逐屋逐院的修缮,即加强日常的随时维修、养护,按照传统土木结构特点以 20 年至 25 年为周期使建筑在整体上翻修一遍。

4.4　小结

本章首先从缓冲区内涵、空间组织模式、设定原则、类型功能及圈层结构保护模式五个方面对缓冲区研究进行系统论述。在此基础上,本章分析了北京世界文化遗产景区缓冲区特征(内容包括空间分布特征、地形分布特征及缓冲区交通可达性)。同时论述了北京世界遗产景区缓冲区建设情况,并对故宫遗产景区空间缓冲区进行了深入论述,从遗产缓冲区空间范围划定、建筑风格限定、建筑高度限制、基础设施建设方面论述遗产景区缓冲区建设及优化。

第5章 文化遗产景区管理环境研究

5.1 遗产景区管理理论基础

5.1.1 文化多样性

世界上每个民族、每个国家都有自己独特的文化,文化多样性是交流、革新与创作的源泉,文化多样性对人类来讲,就像生物多样性对维持生物平衡那样重要。从某种意义上来说,文化多样性本身就是人类共同遗产。2001年,第三十一届联合国教科文组织会议通过了《世界文化多样性宣言》,旨在加强不同民族及国家之间的交流与互通,该宣言系统全面地论述了文化多样性所具有的重要意义。文化在不同的时代和不同的地方具有各种不同的表现形式,这种多样性的具体表现是构成人类的各群体和各社会的特性所具有的独特性和多样化。保护文化多样性就是对自由、尊严及人权的尊重。宣言重申应把文化视为某个社会或某个社会群体特有的精神与物质,智力与情感方面的不同特点之总和;除了文学和艺术外,文化还包括生活方式、共处的方式、价值观体系,传统和信仰。宣言提出希望在承认文化多样性、认识到人类是一个统一的整体和发展文化间交流的基础上开展更广泛的团结互助。文化遗产是民族文化的重要标志,从各类型世界文化遗产中,人们能够深切感受到世界文化的多姿多彩。

2005年10月20日,第33届联合国教科文组织大会上通过了《保护和促进文化表现形式多样性公约》,从国际法角度确认和提升了《世界文化多样性宣言》的基本理念。在该公约中,"文化多样性"被定义为各群体和社会借以表现其文化的多种不同形式。这些表现形式在他们内部及其间传承。文化多样性不仅体现在人类文化遗产通过丰富多彩的文化表现形式来表达、弘扬和传承的多种方式,也体现在借助各种方式和技术进行的艺术创造、生产、传播、销售和消费的多种方式。文化多样性是人类社会的基本特征,也是人类文明进步的重要动力。公约的核心目标是给予成员国保护本国文化表现形式多样性采取各项措施的权利,从而保护和促进成员国文化多样性。文化多样性是人类共同遗产,保护世界文化遗产就是尊重及保护文化多样性的重要手段。我国也积极参与到保护文化多样性的工作中,2006 年第十届全国人大常委会第二十五次会议决定批准通过《保护和促进文化表现形式多样性公约》,2007 年 3 月 18 日《保护和促进文化表现形式多样性公约》正式生效。

5.1.2　可持续发展

可持续发展这一概念的明确提出可以追溯到 1980 年由世界自然保护联盟(IUCN)、联合国环境规划署(UNEP)以及野生动物基金会(WWF)共同发表的《世界自然保护大纲》。1987 年世界环境与发展委员会(WCED)发表了报告《我们共同的未来》,这份报告正式使用了“可持续发展”的概念,并对其做出了比较系统的阐述,产生了广泛的社会影响。目前被广泛接受且影响最大的“可持续发展”内涵仍是世界环境与发展委员会在《我们共同的未来》中给出的界定:可持续发展被定义为能满足当代人的需要,又不对后代人满足其需要的能力构成危害的发展。1992 年联合国在里约热内卢召开环境与发展大会,通过了以可持续发展为核心的《里约环境与发展宣言》以及《21 世纪议程》等文件。随后,中国政府签署了《里约环境与发展宣言》,并编制了《中国 21世纪人口、环境与发展白皮书》,首次把可持续发展战略纳入我国经济社会发展规划。1997 年的中共十五大把可持续发展战略确定为我国现代化建设必须实施的基本战略。2012 年中共十八大强调了深入实施可持续发展战略。

世界文化遗产管理的根本目标是保护文化遗产及维护文化多样性,这种目标与可持续发展理念是相一致的。《世界遗产公约操作指南》中总结道:“自从1972 年通过《公约》以来,国际社会全面接纳了可持续发展这一概念。而保护、保存自然和文化遗产就是对可持续发展的巨大贡献。”2002 年,为纪念《世界遗产公约》诞生 30 周年而拟的《布达佩斯宣言》中指出:要寻求世界遗产保护与可持续发展的平衡。

5.1.3　利益相关者

利益相关者理论是经济伦理学研究中的重要内容,1959 年出版的《企业成长理论》中提出"企业是人力资产和人际关系的集合"的观点,从而为利益相关者理论的构建奠定了基石。1963 年,斯坦福大学研究所明确给出利益相关者的定义:"利益相关者是这样一些团体,没有其支持,组织就不可能生存。"这个定义只考虑到利益相关者对企业单方面的影响,并且利益相关者的范围仅限于影响企业生存的一小部分。但是,这个定义的给出让人们认识到,企业除了股东以外还存在其他一些影响其生存的群体。此后瑞安曼提出了比较全面的定义:"利益相关者依靠企业来实现其个人目标,而企业也依靠他们来维持生存。"这一定义使得利益相关者理论成了一个独立的理论分支。1984 年美国管理学家弗里曼出版了《战略管理:利益相关者管理的分析方法》,这本书是利益相关者管理理论的奠基之作,书中提出:"利益相关者是能够影响一个组织目标的实现,或者受到一个组织实现其目标过程影响的所有个体和群体。"弗里曼的定义,进一步丰富了和完善了利益相关者内涵,该定义将所有利益相关者放在同一层面进行了整体研究。克拉克森引入专用性投资的概念,使利益相关者的定义更加具体:"利益相关者已经在企业中投入了一些实物资本、人力资本、财务资本或一些有价值的东西,并由此而承担了某些形式的风险;或者说,他们因企业活动而承受风险。"

《世界遗产公约》和《实施〈世界遗产公约〉操作指南》引入了利益相关者的概念,这说明世界文化遗产的管理需要各类利益相关者的投入与参与。世界文化遗产管理在考量不同利益相关者需求的基础上,如何调整遗产地利益相关者的利益并实现合作共赢的发展目标,已经日渐成为世界文化遗产管理的重要内容。遗产利用主要的利益相关者包括政府部门、开发企业、当地居民和游客,这些利益相关者拥有不同资源,参与遗产利用的动机、目标、程度及方式不同,从而构成一个错综复杂的利益关系网络。

5.1.4 依法管理

加强世界文化遗产法治建设在促进世界文化遗产相关领域工作方面具有长期性、全局性及战略性意义。世界文化遗产管理隶属于国家公共资源管理的组成部分,其与国家行政管理体制密切相关。全面提高世界文化遗产管理层级的核心内容包括完善管理体制、划分管理权限、创新管理措施,提升管理部门及相关机构的权责及能力建设。依法管理世界文化遗产是全面落实我国依法治国基本方略的重要组成内容。世界文化遗产的保护、利用、管理及传承必须依照法制规范及制约。

5.2　布达拉宫遗产管理研究

布达拉宫坐落于西藏自治区首府拉萨市区西北的红山上,是世界上海拔最高,集宫殿、城堡和寺院于一体的宏伟建筑,也是西藏最庞大、最完整的古代宫堡建筑群。布达拉宫是西藏旅游景区的杰出代表,它体现了以藏族为主、汉蒙满各族工匠的高超技艺,是藏族建筑艺术的伟大成就。

5.2.1　西藏旅游业发展概况[①]

1) 西藏拥有世界顶级自然景观

西藏自然资源异常丰富,拥有草原、湿地、草甸、湖泊、河谷、林海、高原冰川、雪峰、地热等丰富壮丽的立体景观。其中海拔 7 000 米以上的高峰有 50 多座,8 000 米以上的有 11 座,世界第一高峰珠穆朗玛峰 8 848 米,被誉为除南极、北极以外的"地球第三极"。西藏共有大小湖泊 1 500 多个,其中面积超过 1 000 平方千米的有纳木错、色林错和扎日南木错。面积超过 100 平方千米的湖泊有 47 个。湖泊总面积为 24 000 平方千米左右,约占中国湖泊面积的三分之一。西藏流域面积大于 1 万平方千米的河流有 20 多条,流域面积大于 2 000 平方千米的河流有 100 条以上,著名的河流有金沙江、怒江、澜沧江和雅鲁藏布江。西藏还是国际河流分布最多的中国省区,亚洲著名的恒河、印度河、布拉马普特拉河、湄公河等河流的上源都在西藏境内。西藏还有 18 处世界级的自然保护区,国家级藏北羌塘自然保护区是世界上陆地生态系统海拔最高、面积最大的自然保护区;雅鲁藏布大峡谷、珠穆朗玛峰都是西藏最具代表性的国家级自然保护区。

2) 西藏民族风情浓郁,历史文化底蕴深厚

西藏独特的地理区位优势,独特的自然环境,孕育了悠久的西藏文化,使西藏历史发展呈现出鲜明的多民族并存与融合、多种文化兼容与并蓄的特色。民族风情浓郁、文化艺术独特,成为青藏高原最生动、最活泼、最具吸引力的人文景观。西藏民族文化在发展的历程中,不断与祖国内地文化交流交往交融,同时吸收印度、尼泊尔等周边区域文化。藏中的农耕文明,藏西北的游牧文明,藏东南的商业文明,各具特色,形成了多元一体的西藏文化。

---

① 资料来源:西藏自治区"十三五"时期旅游业发展规划。

3）西藏生态环境具有独特优势

西藏是世界上环境质量最好的地区之一，全区水、气、声、土壤、辐射和生态环境质量一直保持在良好状态，江河、湖泊水质全部为Ⅰ、Ⅱ类，水和空气质量处于全国前列，全区生态系统自我修复能力明显增强，生态环境持续良好。

4）西藏具有较高的国际知名度和市场吸引力

西藏享有世界级知名度，极富特色和品位的自然和人文旅游资源，"地球第三极""高山、雪域、阳光、藏文化"等旅游品牌以及西藏的神秘性对海内外旅游者具有非常强的吸引力。两届藏博会的成功召开使得"人间圣地·天上西藏"的旅游主题形象更加深入人心，进一步扩大了西藏在世界的知名度和影响力。随着珠穆朗玛峰、雅鲁藏布大峡谷、纳木措、神山圣湖、古格王朝遗址、扎达土林、鲁朗国际小镇、《文成公主》演艺等重点景区和产品的深度开发，西藏旅游产品体系更加丰富完善，更具有吸引力。高知名度使得西藏一直保持较高的关注度，近年来客源市场持续保持两位数以上的增长速度是市场影响力最好的体现。

5）西藏旅游业后发优势明显

西藏旅游发展已经形成了一定的产业基础。大量游客的到访促进了旅游商业接待体系不断完善，开元拉萨饭店、瑞吉饭店、香格里拉饭店等硬件设施和各项服务均达到了国内外顶级酒店品牌水准，旅行社、餐饮、购物等传统旅游业态也正加速转型发展，以旅游演艺、自驾游、探险游和科考旅游为代表的新型旅游业态规模不断壮大。西藏具有旅游发展的充分空间和美好前景，在旅游开发进程中，后发优势更加明显。通过高起点定位、高起点开发、高起点发展，西藏将会实现旅游业赶超式、跨越式发展。

6）形成了更加完善的旅游产业体系

旅游产品体系更加丰富。围绕"特色、高端、精品"，着力推动文化旅游产品、休闲度假产品、乡村旅游产品、红色旅游产品、生态旅游产品、专项定制旅游产品等系列产品的开发，形成了主题鲜明、特色突出、结构合理、互为支撑、较为庞大的多元旅游产品体系。

7）体制机制创新焕发了西藏旅游的发展活力

全区旅游业形成了"政府引导、部门联动、条块结合、分类指导"的大产业综合推进的发展格局。旅游行业管理方式更加精细化。全区各级旅游行政主管部门积极落实《旅游法》和《西藏自治区旅游管理条例》，严格执行自治区"两限一警"制度，建立联合执法机制，加大了对旅行社、旅游团队的日常监管和执法检查力度,特别是加强入境旅游团队的运行管理。同时,进一步规范导游管理,制定并实施专职、兼职导游管理办法,明确旅行社聘用专职导游员最低数量。自治区旅发委还在全区开展旅行社等级评定工作。通过转变旅游行业管理方式,使旅游市场秩序得到有效规范,旅游服务品质显著提高。

旅游业融合程度不断提高。旅游业与发改、文化、工商、商务、林业、体育、扶贫、金融等部门的合作更加紧密,旅游产业与文化、体育、藏医药、农牧业、民族手工业等相关产业融合不断深化,形成了产业融合大发展格局。

8) 旅游业富民惠民效应更加显著

西藏旅游业在促进就业、推动城镇化建设和乡村旅游富民惠民等方面的作用更加明显。全区大力发展以农家乐、藏家乐、休闲度假点、家访点为代表的乡村旅游产品和项目,让城镇居民和农牧区群众依托旅游发展,拓宽增收致富门路。全区各级旅游行政主管部门组织做好农牧民旅游服务技能培训,将旅游项目建设、强基惠民工作同旅游惠民富民工作有机结合,提高农牧民参与旅游服务的意识和能力。同时,不断加大乡村旅游项目所在地的公共服务设施、旅游配套设施建设力度,周边农牧民生活环境日益改善,生活质量显著提高。

5.2.2　法规制度及机构管理

西藏自治区高度重视文物保护工作,先后出台一系列针对文物保护及管理的政策措施(见表 5-1)。《西藏自治区文物保护条例》在 1990 年西藏自治区第五届人民代表大会第三次会议上通过,1996 年西藏自治区第六届人民代表大会常务委员会第二十次会议第一次修订,2007 年西藏自治区第八届人民代表大会常务委员会第三十二次会议第二次修订,该条例是指导布达拉宫保护管理的地方性法规。1997 年西藏自治区人民政府第二十二次常务会议通过《西藏自治区布达拉宫保护管理办法》,同年发布实施,该管理办法是保护布达拉宫的专项地方政府规章。2001 年西藏自治区文物局批准实行了《西藏自治区布达拉宫保护管理办法实施细则》,2009 年西藏自治区人民政府第二次常务会议通过《西藏自治区布达拉宫保护办法》,自 2009 年 3 月 1 日起施行,《西藏自治区布达拉宫保护管理办法》同时废止。2009 年西藏自治区人民政府颁布了《西藏自治区布达拉宫保护办法》,明确规定了布达拉宫的保护范围和建设控制地带、保护职责和保护措施,增加制定应急预案、专家咨询制度及参观人数总量控制的条款,重新规定布达拉宫非税收入,实行收支两条线,并用于布达拉宫的保护工作。《拉萨市城市总体规划(2009—2020 年)》已获国务院批准实施,该总体规划强调了文化遗产保护工作。

　　布达拉宫保护工作由西藏自治区人民政府文物行政部门(包括文化和旅游厅,文物局)主管。自治区人民政府对布达拉宫的保护工作实行统一领导,将布达拉宫的保护工作纳入自治区国民经济和社会发展规划,制定保护规划、统筹保护经费。自治区人民政府文物行政部门主管布达拉宫的保护工作,其所属布达拉宫管理机构具体负责布达拉宫的日常管理工作。与此同时,西藏自治区政府相关部门也在各自部门职责范围内参与布达拉宫保护工作。2006 年西藏自治区人民政府成立了"西藏自治区世界遗产管理领导小组",工作办公室设立在自治区文物局,办公室主任由文物局局长兼任,领导小组成员单位包括自治区党委宣传部、住建厅、文物局、发展改革委、文化厅、财政厅、民宗委、外事办、旅游局、公安厅、公安消防总队、拉萨市政府、拉萨市建设局和国土资源局。布达拉宫管理处作为正处级差额拨款事业单位于 1988 年成立,它是保护管理布达拉宫的专设机构,该机构分设办公室、财务科、雪城管理科、文物保护科、维修科和安全保卫科六个部门,从而负责布达拉宫的日常管理工作。

表 5 - 1　西藏遗产保护法规政策

名　　称	时间	颁　　布	核 心 内 容
《西藏自治区文物保护条例》	1990 年	1990 年西藏自治区第五届人民代表大会第三次会议通过;1996 年西藏自治区第六届人民代表大会常务委员会第二十次会议第一次修订;2007 年西藏自治区第八届人民代表大会常务委员会第三十二次会议第二次修订	指导布达拉宫保护管理的地方性法规
《西藏自治区布达拉宫保护管理办法》	1997 年	1997 年西藏自治区人民政府第二十二次常务会议通过,同年发布实施;2001 年西藏自治区文物局批准施行了《西藏自治区布达拉宫保护管理办法实施细则》;2009 年西藏自治区人民政府第二次常务会议通过《西藏自治区布达拉宫保护办法》,自 2009 年 3 月 1 日起施行,《西藏自治区布达拉宫保护管理办法》同时废止	保护布达拉宫的专项地方政府规章

名　称	时间	颁　布	核 心 内 容
《西藏自治区布达拉宫保护办法》	2009 年	西藏自治区人民政府	明确规定了布达拉宫的保护范围和建设控制地带、保护职责和保护措施,增加制定应急预案、专家咨询制度及参观人数总量控制的条款,重新规定布达拉宫非税收入:实行收支两条线,并用于布达拉宫的保护工作
《拉萨市城市总体规划(2009—2020 年)》	2009—2020 年	国务院批准实施	强调了文化遗产保护工作

5.2.3　遗产保护

1) 遗产保护修缮

布达拉宫作为世界文化遗产和全国重点文物保护单位,坚持保护为主、抢救第一、合理利用、加强管理的方针,保持其真实性和完整性。布达拉宫的文物保护工程坚持不改变文物原状的原则。对布达拉宫实施的抢险加固工程、修缮工程、安全技术防范工程等重大保护工程,应当由自治区人民政府文物行政部门会同有关部门审核,经自治区人民政府同意后,报请国务院文物行政部门审批。对布达拉宫实施的抢险加固工程、修缮工程、安全技术防范工程应当依法进行公开招标、投标,由具有相应资质的勘察、设计、施工、监理单位承担。工程竣工后,由自治区人民政府文物行政部门报请国务院文物行政部门验收。

布达拉宫保护工作受到国家高度重视,布达拉宫建成后最大的一次修缮工作即布达拉宫一期维修工程始于 1989 年,并于 1994 年完工,共历时五年时间。此次针对布达拉宫的维修工程完成 111 个维修施工项目,维修面积达 3.39 万平方米。布达拉宫二期维修工程始于 2002 年,于 2009 年竣工,共历时七年时间。二期修缮涉及红宫、白宫及附属建筑,包括 8 个大类、55 个子项目,中央财政专项安排资金投资 1.793 亿元用于此次修缮工程。除了上述两次大型布达拉宫修缮工程,布达拉宫管理处负责建筑及文物的日常维护工作,设立的维修科配备了不同领域的技术工作人员,主要负责建筑保护工作,通过定期对建筑巡视检查发现问题并及时维修,目前已经对布达拉宫文物库及殿堂进行了系统清理,并针对可移动文物建立了档案记录。

2) 空间保护区域

依据《西藏自治区布达拉宫保护办法》,布达拉宫保护区域分为保护范围和建设控制地带。保护范围为布达拉宫围墙范围以内及红山东北角。建设控制地带为以布达拉宫保护范围为基点,北至拉萨市林廓北路;西至林廓西路延至药王山西,南至自治区人民政府大院北围墙,东面北段至娘热路包括北京中路,东面南段至康昂东路包括北京中路。布达拉宫建设控制地带应当树立界桩。任何单位和个人不得在布达拉宫建设控制地带内从事影响布达拉宫安全及环境的活动。任何单位和个人不得在布达拉宫建设控制地带内设置影响布达拉宫观瞻的大型广告。

3) 周边环境营造

为保护布达拉宫的"真实性"和"完整性",西藏自治区政府采取了一系列措施。依据《西藏自治区布达拉宫保护办法》,在布达拉宫建设控制地带内建设工程项目,应当符合布达拉宫保护规划,其建筑面积、高度、风格、色调等应当与布达拉宫的环境风貌相协调。在布达拉宫建设控制地带内建设工程项目的,设计方案应当经自治区人民政府文物行政部门同意后,报建设行政部门审批。为了实现布达拉宫周边历史文化环境的统一性,布达拉宫广场进行了整体整治工程。2005年迁出了布达拉宫缓冲区范围内的西藏歌舞团、劳动人民文化宫及自来水公司等单位,整治出的空间主要用于恢复绿地和广场空间。2006年对位于布达拉宫北部的宗角禄康公园进行了整治,公园沿街商品房、宗角禄康农贸市场、拉萨市妇女儿童活动中心以及拉萨市总工会等与布达拉宫世界文化遗产景观风貌不统一的建筑进行了拆除,用于恢复绿地和水系。布达拉宫后侧龙王潭公园游乐设施被拆除。布达拉宫东侧现代化建筑外观进行了藏式改造。2013年西藏自治区政府启动拉萨历史文化名城保护规划中的布达拉宫及药王山周边第三期保护规划。

4) 遗产安全

依据《西藏自治区布达拉宫保护办法》中对遗产安全管理制定的内容,布达拉宫管理机构应当加强布达拉宫内用火、用电、用油、用气管理,严格控制火源、电源,严防火灾事故发生。布达拉宫公安消防机构应当加强对布达拉宫的消防监督检查,及时发现火灾隐患,配合布达拉宫管理机构做好火灾隐患的整治工作,消除火灾隐患。布达拉宫保护区域内的消防通道、机动车道和参观路线应当保持畅通,任何单位和个人不得堵塞和侵占。任何单位和个人不得在布达拉宫保护范围内从事下列活动:攀登、翻越文物和保护设施;损坏供水、供电、消防、监控设施;倾倒、焚烧垃圾;损毁、占用文物建筑及附属建筑物;在地下或者空中从事危及文物建筑及附属建筑物安全的活动;设置、存放、使用危及文物安全的易燃、易爆及其他危害文物安全的物品、设施。进入布达拉宫保护范围内的人员不得携带危及文物安全的物品,不得在禁止拍照、拍摄的区域拍照、拍摄。1994年布达拉宫安装了电视监控设备和防盗自动报警系统,2001 年配备了火灾自动报警系统。

5) 遗产管理

布达拉宫管理机构应当建立健全各项管理制度,加强对工作人员的法律知识、安全知识、消防知识、专业技能以及管理制度的培训,提高保护、管理和服务能力。建立安全工作责任制和昼夜值班制度。布达拉宫管理机构应当对布达拉宫的文物进行整理、登记,建立档案,依照《西藏自治区文物保护条例》的有关规定进行管理。布达拉宫管理机构应当科学制定参观线路,设置醒目标志或者说明,并对进入布达拉宫保护范围内的人员进行安全检查。

5.2.4　遗产旅游

1) 游览设施配备

布达拉宫为方便游客游览活动的开展,修建了可以让游客乘车上山的上山车道,从后侧进入布达拉宫参观游览。编撰了布达拉宫游览线路图、布达拉宫游览指南、游览解说词及汉语语音导游机。配置了有汉、藏、英三种文字的殿堂解说牌,设置了游客休息室及旅游纪念品专柜。

2) 游客流量管理

布达拉宫作为世界文化遗产,以及西藏最有代表性的旅游景区,其游客流量呈持续上升趋势。布达拉宫年接待旅游者和朝圣者 50 万人次以上,日均达1 500 人次,平均每年以 30% 的速度递增。但布达拉宫整体建筑是土木结构,承重量十分有限,每年旅游旺季时旅游者数量剧增,对遗产安全产生了隐患。为了保护布达拉宫历史建筑群,布达拉宫管理处采取限制游客数量、调整参观路线、分时段开放、延长开放时间、加大引导力度、缩短讲解时间等举措,确保布达拉宫文物建筑安全及游客游览活动的正常开展。2003 年开始,布达拉宫在旅游旺季(5~10 月)会限制游客数量,日接待人数控制在 850 人次,频次为每 30 分钟进入 50 人。随着青藏铁路的开通及西藏旅游业的不断发展,2006 年起布达拉宫每天向旅游团发放 1 600 张门票,日接待人数限制在 2 300 人,频次为每分钟进入 100 人,游客殿内停留时间被建议为 1 个小时。

3) 游览行为管理

《西藏自治区布达拉宫保护办法》中针对游客的游览行为列明了具体的管理办法:布达拉宫管理机构应当科学制定参观线路,设置醒目标志或者说明,并对进入布达拉宫保护范围内的人员进行安全检查。进入布达拉宫保护范围内的人员不得携带危及文物安全的物品,不得在禁止拍照、拍摄的区域拍照、拍摄;参观人员应当按照指定的线路和规定的时间参观,服从布达拉宫管理机构工作人员的管理。任何单位和个人不得在布达拉宫保护范围内从事下列活动:① 攀登、翻越文物和保护设施;② 损坏供水、供电、消防、监控设施;③ 倾倒、焚烧垃圾;④ 损毁、占用文物建筑及其附属建筑物;⑤ 在地下或者空中从事危及文物建筑及附属建筑物安全的活动;⑥ 设置、存放、使用危及文物安全的易燃、易爆及其他危害文物安全的物品、设施。

5.3　小结

本章首先概括总结遗产景区管理理论基础,内容包括文化多样性、可持续发展、利益相关者及依法管理四个方面的管理理论基础。主体部分选取世界文化遗产西藏布达拉宫为实证研究区域,对其遗产景区管理环境优化进行探讨,研究从分析西藏旅游业发展概况着手,从布达拉宫遗产景区法规制度及机构管理、遗产保护及遗产旅游管理的视角提出遗产景区管理环境优化策略。

第6章　文化遗产景区游客
体验环境研究

6.1　文化遗产游客体验研究

6.1.1　游客体验研究产生背景

  20 世纪中后期,日趋激烈的市场竞争促使更多的企业不断追求自己的独特亮点,从而创造出比服务更高的经济价值,最终使企业在市场中能够站稳脚跟并求取发展。除了作为供给方的企业产生上述变化以外,作为需求方的消费者也发生了改变:随着经济的发展,消费者的休闲时间逐渐增多,生活水平日益提高,生活需求也日益多样化,他们不再满足于千篇一律的产品和服务,而是开始重视自身特殊的消费需求,并开始在消费产品和服务的过程中追求自身的体验。于是,原有的"商品经济""服务经济"等术语已经不能准确表达这一时期新现象的特征,"体验经济"的概念便在这种发展背景下应运而生了。

  1970 年美国学者托夫勒在其著作《第三次浪潮》中明确预言:"服务业最终还是会超过制造业,体验生产也会超过服务业。"托夫勒在其另一本著作《未来的冲击》中提到"体验工业甚至可能会成为服务业之后的经济基础。"虽然托夫勒提出了体验经济这个概念,但在当时并未引起专家学者及企业界的重视。人们对体验经济真正关注开始于美国学者约瑟夫·派恩和詹姆斯·吉尔摩在《哈佛商业评论》发表的"体验式经济时代来临"一文出现之后,文中提出现今的经济时代是继农业经济、工业经济和服务经济后出现的体验经济时代(张成杰,2006)。1999 年约瑟夫·派恩和詹姆斯·吉尔摩两位学者又合著《体验经济》一书,对体验经济做出较为系统的阐述,在书中他们提出体验是以服务为舞台、以商品为道具,围绕消费者创造出值得消费者回忆的活动。从此体验经济成为一种潮流名词并在全世界范围内掀起一股热潮。学者们正是在体验经济的影响下,从人类学、社会学、心理学等不同学科视角出发开始对游客体验的研究。游客旅游活动的本质是追求一种经历和感受,这也正好迎合了体验经济时代的特质。现代旅游者在拥有了丰富的旅游经验之后,开始追求更高层次的以体验为目的的旅游。在这种旅游体验风起云涌的时代背景下,世界文化遗产旅游发展更应从游客的体验需求出发,提供一个由旅游企业和旅游者共同演出的舞台,使其灿烂的文化产品和多元化的服务成为游客的一种刻骨铭心的高质量旅游经历(周伟伟,2011)。

6.1.2 文化遗产游客体验的内涵

2008 年《文化遗产阐释与展示宪章》的通过代表着文化遗产沟通与展示的重要性得到国际社会的广泛认可,文化遗产在旅游空间层面的价值阐释方式成为当下学术研究及实践领域所关注的重要议题。目前国内外学者还没有对遗产游客的真实性体验概念给予统一且明确的界定,但我们可以从影响游客真实性体验的因素研究中对游客真实性体验的内涵进行侧面的理解。McIntosh 和 Prentice(1999)从游客自身的角度对游客的"真实性"体验(authenticity in tourism experience)进行了研究,他们认为游客在体验真实性的过程中受到个人过去的经历以及个人感情的影响,这些经历和感情会使游客在参观过程中对文化旅游产品增强认同感、在认知上理解或追溯过去的经历等。Waitt(2000)指出在欣赏历史遗产的过程中,游客"真实性"的感知受到性别、收入、教育程度、生活水平、社会地位以及前期参观经历等的影响。Waller 和 Lea(1998)认为游客的真实性体验和四方面因素有关:文化(和当地文化的直接接触越多,真实性体验越强烈);游客数量(游客数量越多,体验越不真实);独立程度(越是在行程安排上独立的游客体验越真实);和宣传的一致性(旅游过程中如果看到的现象和宣传中的越相符体验越真实)。

事实上对于游客真实性体验内涵的理解是建立在对真实性内涵认识的基础之上,游客的真实性体验是组成真实性概念的重要因素,已有学者对遗产真实性课题的研究永远逃脱不了对游客真实性体验的探讨。已经形成的四种旅游真实性学说的本质内涵就是对游客主体真实性体验与遗产客体真实性两者联系的不同认识。对于游客真实性体验概念的准确定义比较困难,本书对游客真实性体验的内涵给出了界定,游客的真实性体验包括两个组成部分:一是游客对旅游客体(本书中的旅游客体指文化遗产)真实性的体验;二是游客对旅游主体(即游客本身)真实自我的寻求和体验。这两个组成部分的体验主体都是旅游者,但区别在于旅游者真实性体验的对象物不同,前者的真实性体验对象物是旅游客体,而后者的真实性体验对象物是游客自身。

6.1.3　游客体验质量的影响因素

1）游客体验质量的单因素影响

学者们对游客体验质量影响因素的认识是从单因子影响开始的,一些学者将游客满意度作为游客量的函数,假设游客利用水平和游客满意度之间存在负相关关系,并借用经济学中的边际效用理论来解释这种关系,并最终得出游客的边际满意度会随着游客数量的增加而逐渐下降的结论(Manning,1999;Alldredge,1973;Heberlein et al.,1977)。Alldredge(1973)用边际满意度模型针对游客数量对游客满意度的影响机理进行了阐述,该模型的含义是:随着游憩区游客的增多,所有游客的总满意度(或累计满意度)将增加,但是每个游客个体的边际满意度将由于拥挤而逐渐下降;这个过程一直持续到第 n 个游客的边际满意度为零时为止;在这个点上,总满意度开始下降,并达到社会承载力。该模型意味着对于游客个人而言,游憩利用水平与游客满意度存在联系(见图 6-1)。

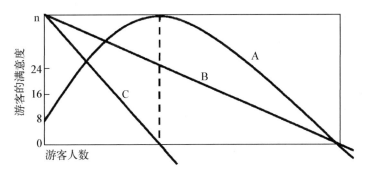

图 6-1　游客利用水平增加与满意度之间的假设关系

注:曲线 A——总体满意度;曲线 B——平均满意度;曲线 C——边际满意度。

除了从经济学模型对游客体验单因素影响机制进行研究之外,还有学者用实证研究的方法研究了游客体验满意度与游客密度之间的关系。如 Stankey 在一次荒野区的大型调查中,研究了游客在其遇见的背包旅行者与骑马者的数量逐渐增多时的满意感评价(满意感评价的结果使用"回答愉快的游客百分比"进行衡量)(Manning,1999)。研究的最终结果表明随着游客遇见的其他团队(背包旅行者和骑马者)的数量逐渐增加,游客的满意度整体上呈现出下降的趋势,但两者之间的关系并不成比例(Stankey,1973)(见图 6-2)。

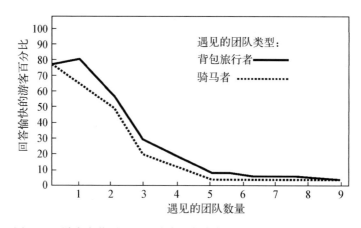

图 6-2　游客在荒野区遇见徒步旅行者与骑马者的满意度变化曲线

2）游客体验质量的多因素影响

然而随着研究的深入，越来越多的学者意识到游客体验的影响因素是复杂多样的，评价旅游者的体验质量是一个复杂的过程，需要考虑旅游动机、旅游者行为模式和旅游者的期望与实际感受。Manning（1999）指出影响游憩满意度的因子主要有心理因素、社会环境因子、自然环境因子、游憩活动因子和拥挤感等，在考虑游客满意度时应注意三种因素，即游憩场所环境、生物物理上的特征；管理行动的类型或层次；游客的社会文化特征。Moscardo（1996）研究了解说对旅游体验的影响，认为解说是保证游客旅游体验质量的关键因素。Geva 与 Golden（1991）研究到欧洲和美国旅游的以色列游客，发现导游是影响游客满意度的重要因素。Cohen 指出游客的个性、喜好会影响他们的旅游体验和反应（宗晓莲，2001）。Ireland 在对英国 LandsEnd 地区的研究中发现游客体验与其职业、年龄、性别等因素有很大关系（宗晓莲、甘万莲，2004）。在诸多针对游客体验质量影响因素的研究中，Chris Ryan 对旅游体验因素的分析具有较高的影响力（谢彦君，2010），他把影响游客体验的因素划分为先在因素、干涉变量、行为和结果几个因素，各因素之间交互影响（见图 6-3）。

6.1.4　游客体验质量的测度

1）基于满意度的游客体验质量测度

满意度在旅游研究中主要是指旅行前的期望与旅行后体验的一种函数，有学者定义旅游满意度为旅游者对目的地的期望与旅行者在该访问地的体验进行比较而产生的结果（谢彦君，2010），预先期望与实地体验之间的差距越

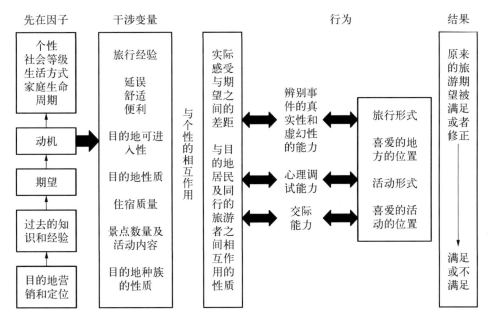

图 6-3　旅游期望与旅游体验满足之间的关系

大,则游客不满意的可能性就越大。只有当预先期望得以实现或者被实际体验超出时,游客才能获得满意度。满意度被很多学者作为测量游客体验质量的标准(Chetria et al.,2004;约翰等,2004),这种研究思路的产生与约瑟夫·派恩和詹姆斯·吉尔摩提出的体验经济理论密切相关,在体验经济理论中消费者体验质量的高低可以通过人们对产品和服务的消费评价结果来加以判断,按照该种管理学或营销学视角看待游客体验的结果是:游客体验就是旅游者对产品消费的满意度,并且满意度水平越高,旅游体验水平也就越高(余向洋,2006)。基于满意度的游客体验质量测度有两种思路:一是用总体满意度衡量游客体验质量的结果;二是用多维满意度衡量游客体验质量的结果。

　　a. 基于总体满意度的游客体验质量测度

　　总体满意度代表游客对游览活动的一种整体性的态度。Fornell(1992)认为顾客满意是以经验为基础而产生的整体性态度,它是顾客在消费后所反映出喜欢或不喜欢的整体感觉。Dorfman 认为总体满意度可以理解为消费者对所在的消费环境中各个组成因子的感觉满意度总和。Westbrook(1980)指出顾客主观认为是好的即满意的,如果认为是不好的则代表是不满意。综上所述,基于总体满意度的游客体验质量测度是将总体满意度看成一个单方面的概念,针对其的测量简单易行,通常采用的是量表进行直接测量(Burns,2000;Petriek et al.,2001;Murphy，Pritchard,1997)。他们的研究都采用单一问项的直接测量方法来测度总体满意度。

然而随着研究的深入,很多学者对基于总体满意度的游客体验质量测度提出了异议：主要是假设前提引起了争议。Dann 评判该测量方法是被高度扭曲的,因为游客很有可能对其度假体验中的不同组成因素产生不同的满意感,也就是说游客的满意度不是一个整体的概念而是多维的,针对满意度进行测量时应该对组成满意度的多维因素进行分别测量。Pizam 也认为有必要分析满意度的各个不同维度。基于上述对总体满意度测量方法的种种批判,基于多维满意度的游客体验质量测度方法应运而生。

b. 基于多维满意度的游客体验质量测度

基于多维满意度的游客体验质量测度的假设前提是质量是由一系列从属的质量维度或方面组成的。运用此种测度方法的关键是要提取出对消费者来说能形成或影响其对消费物整体满意度的维度因素。多维满意度的测量方法主要包括服务质量模型(SERVQUAL：Service Quality Model)、服务绩效模型(SERVPERF：Service Performance Model)以及重要度-表现度分析模型(Importance Performance Analysis),同时这三种多维满意度的测量方法之间有着密切联系。

(1) 服务质量模型(SERVQUAL)。顾客感知服务质量(Perceived Service Quality)的高低取决于服务过程中顾客的感知(Perception)与对服务的期望(Expectation)之间的差异程度的观点。以此观点为理论基础学者们进一步提出了 SERVQUAL 服务质量评价模型。该模型认为服务质量与服务本身的属性紧密相关,顾客满意度取决于服务属性的质量。即高质量的服务属性导致高水平的满意度,顾客对服务质量的评价将反映其对服务质量的满意程度,体现其体验质量的高低。SERVQUAL 模型得到学术界的广泛认可,被认为是适用于评估各类服务质量的典型方法。

有学者等通过深度访谈和调查确定了 5 个通用的服务质量维度,即可靠性、响应性、安全性、有效性和移情性,且每一个维度都有明确的解释和规定。其中可靠性是指服务要及时准确,并在指定时间内完成;响应性是指能主动帮助顾客并迅速提出服务的愿望,该维度强调处理顾客要求时的专注和快捷,避免让顾客长久等待;安全性用于激发顾客的信任感,其中包括可信的名称、良好的声誉和训练有素的员工等;有形性是指服务机构有策略地提供服务的有形线索,以帮助顾客识别和了解服务;移情性的本质是通过个性化和顾客化的服务使每个顾客感知自己的唯一性和特殊性。在确定出5个通用的服务质量维度之后，又将5个服务质量维度划分出数量不等的指标(见图6-4)。

在 SERVQUAL 服务质量评价模型中，5个通用服务质量维度被分解成的22个具体指标便构成了对顾客期望和感受进行问卷调查的指标体系，期望与实际感受之间的差异就是服务质量的分数，用公式表示为

$$SQ = \sum_{i=1}^{22} (P_i - E_i)$$

其中 SQ——总的感知服务质量；P_i——顾客对第 i 个指标的感受分数；E_i——顾客对第 i 个指标的期望分数。

当 $P_i - E_i \geqslant 0$ 时，表示顾客对于服务是满意的；当 $P_i - E_i < 0$ 时，则表示顾客对于服务是不满意的。

旅游界对 SERVQUAL 的介绍和研究始于20世纪80年代末，其研究领域主要集中于度假区、公园、遗产地、饭店、旅行社等。研究内容主要包括 SERVQUAL 在旅游业

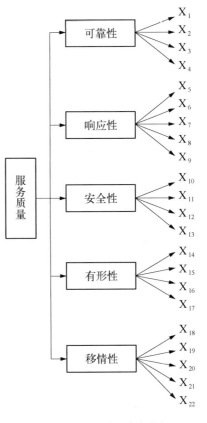

图6-4 服务质量维度指标

中的适用性研究及修正性研究。Akama(2003)等用 SERVQUAL 测量了肯尼亚 West Tsavo 国家公园的国际远征狩猎游客的满意度，Bojanic 与 Rosen (1994)将之用于测量餐馆顾客的满意度，Kennedy 和 White(1997)将之用于测量宾馆的服务质量。随着 SERVQUAL 在旅游业中适用性研究的深入，学者们发现若要把该模型应用于旅游领域，其服务质量维度及各个维度所包含的指标内容可能还需要一定程度的调整。Howat(1996)及其合作者发现，休闲服务包含的无形性等一系列服务维度与其他学者确定的几个维度就有很大差异；Carman 指出 SERVQUAL 的五个维度并不都是"中性"指标，其对不同的行业并不具有完全的适用性(刘向阳，2003)。基于上述认识，一些学者开始对 SERVQUAL 模型进行修正性研究，从而使其更适用于旅游服务：例如 MacKay 与 Crompton(1988)将 SERVQUAL 模型引入户外游憩研究领域时对其进行了修正，以适应公园中一系列特定游憩活动的满意度问题。

(2) 服务绩效模型(SERVPERF：Service Performance Model)。当服务质量模型(SERVQUAL)受到学界广泛认同与应用的同时,开始有学者对其模型本身的结构提出了不同看法。这些不同观点的核心是对 SERVQUAL 模型中的"期望"这一变量提出的疑问。Bolton 和 Drew(1991)认为顾客现在的看法是建立在上一次服务质量的感知基础上,服务经历也许会改变他们未来对服务质量的态度;Armstrong 和 Mok(1997)通过研究文化背景对期望的影响以及期望在服务质量测量中的作用,最终得出测量服务质量时不必测量期望的结论;

于是 Cronin 和 Taylor(1992)"基于顾客对服务质量的评价不需要'期望'这个变量,而是直接衡量顾客感知的服务绩效即可"的思想,提出了服务绩效模型(SERVPERF)。该模型将服务质量作为一种态度进行测量,且只使用"服务表现"一个变量测量游客感知的服务质量,但其所采用的方法论基础仍旧是服务质量要素的多维度划分,并且每个维度所包含的指标也与服务质量模型(SERVQUAL)基本相同。服务绩效模型(SERVPERF)用公式表示为

$$SP = \sum_{i=1}^{22} P_i$$

其中 SP——总的顾客感知服务绩效;P_i——顾客对第 i 个指标服务表现的感受分数。

部分学者针对服务质量模型(SERVQUAL)和服务绩效模型(SERVPERF)进行了对比研究。在实证研究中,Churchill 与 Suprenant(1982)发现服务绩效模型能更直接地预测总体满意度。Absher(1998)在美国林务局的一项游客满意度研究中应用了服务绩效模型,结果表明服务绩效模型可以测量出游客期望及其实际体验到的感受的信息。虽然很多学者认为服务绩效模型具有较好的统计属性,并且其信度和效度一般也优于服务质量模型(王文君、高林,2008),但是从历史继承性的角度看服务绩效模型只是服务质量模型的修正性发展,所以服务绩效模型的创新性并不高。

(3) 重要度—表现度分析方法(IPA：Importance Performance Analysis)。为了更好地服务于实践以及指导公司营销战略的制定,Martilla 和 James(1977)在服务要素表现的基础上加入了对要素重要性的测量。它被用于测量顾客对产品或服务属性偏好的评价,并评估顾客对产品或服务提供商在这些属性上的绩效(Hunt,Scott,2003)。重要度与表现度二维图形是 IPA 分析方法的重要分析工具(见图 6-5)。该图的横轴表示客人对服务属性或维度表现的满意程度,纵

轴表示客人对服务属性或维度的重视程度,服务要素对顾客的重要性以及顾客对服务要素表现的满意度感知两个元素被结合在一起形成一个包含四个象限的二维图形。然后将调查所得的重要度与表现度分数标示于该图中,重要度和表现度分数均很高的属性将落入"继续保持区"中(如属性 B、E),该区域内的属性表示管理者提供的服务有价值而且有效;重要度高而表现度低的属性将落入"集中关注区"(如属性 A、C),该区域内的属性表示管理者必须加以改善和提高的属性;重要度低而表现度高的属性将落入"过度关注区"(如属性 I、F),表示供给方对顾客认为不是很重要的属性给予了过多的发展;而重要度与表现度皆很低的属性将落入"低优先区"(如属性 G、H),表示该属性暂时可以不予以任何关注理会。

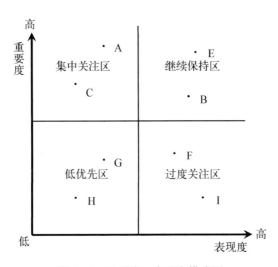

图 6-5　重要度—表现度模式图

c. 基于利益的游客体验质量测度——休闲游憩体验偏好量表(REPs)

有学者认为游客体验是指游憩者在游憩活动的过程中的潜在需求,即对获得某种特殊心理诉求的愿望。换句话说,人们游憩体验的实质在于追求特定心理利益的满足(例如刺激感、亲情感等)。从上述思想出发,基于利益的游客体验质量测度的研究开始出现。该种测度方法的使用假设了游憩结果是游客个人在游憩环境中从事活动时产生和实现的心理结果,游憩环境特征(物理的、社会的和管理的特征)与游憩体验之间有着密切联系(罗艳菊,2006)。此外,在基于利益的游客体验质量测度方法中,利益被定义为个人、群体、社会或其他有机体向理想状态发展,或者条件得到改善,或者是通过维持理想的条件来阻止更差条件的发生。与此同时,游客体验质量被定义为期望获得的体验心理收益与实际获得之间的差值,这便促使这种观点建立在了期望偏好的基础之上并侧重于旅游者的认知判断。

基于以上观点,Driver 等学者于 1976 年发展了休闲游憩体验偏好量表(REPs:Recreation Experience Preference scale),用来作为基于利益的游客体验质量测度的工具。休闲游憩体验偏好量表根据参与者期望身心状态获得改善的心理需求设定了 19 项评分项目:享受自然、体能、消除紧张、逃避身体压力、户外学习、共享相似的价值、独立性、增进家庭关系、自我反省、和体贴的人相处、成就感/刺激感、身体休息、教学/领导他人、尝试冒险、减少冒险、结交新朋友、创造力、怀旧、宜人的气氛。然后采用李克特五点评价尺度让游憩者对上述项目评分。

基于心理收益的游客体验质量的测度方法扩大了测量的内涵,使得测量的项目包含了社会、心理、身体等多个方面,这种测量方法有利于对旅游者体验进行描述、识别、分类和评价,并能够体现出旅游者体验的多样性。但是由于休闲游憩体验偏好量表的假设前提建立起了游憩体验与游憩环境、游憩活动之间的密切联系,所以此测度方法过于关注旅游者对旅游环境的认知层面,而缺乏对旅游者情感体验过程的重视和了解。下文将介绍基于情感体验的游客体验测度方法。

d. 基于情感体验的游客体验质量测度——巅峰体验状态

基于情感体验的游客体验质量测度不再要求游客对所游览环境做出认知,而是从游憩的本质含义求取答案。也就是说,该方法更直接地要求游客描述他们的体验,而不是要求他们评价游憩环境的属性,它不要求游客把环境条件与满意度联系起来,这样可以使被调查者更精确地评价其游憩体验。对于基于情感体验的游客体验质量测度,学者们经常用对巅峰状态的描述代表游客体验质量的最高层次,旅游者的心理状态越符合巅峰体验状态的特征,则其所获得的体验质量就越高(谢彦君,2010)。不同的学者用不同的词语提出对巅峰体验状态的描述(见表 6-1)。

表 6-1　巅峰体验状态的描述

代 表 学 者	对巅峰体验状态的描述
尼采	"酒神"状态
马斯洛	"高峰体验"是一种类似"短暂离开现实世界",可以导致人们短暂的最高快乐或满足的感受,也就是人类在进入自我实现状态的时候会感受到的一种极度兴奋的愉悦心情

代 表 学 者	对巅峰体验状态的描述
普里维特	"高峰体验"是指一种强烈而高度受尊重的时刻
特勒根和艾金森	在针对"沉溺"的休闲体验描述中,认为这种感受可能类似于被催眠的感受,或者说接近于中国古人所说的"天人合一"的境界
契克森米哈里	"畅爽"理论

资料来源:根据《旅游体验研究——走向实证科学》相关内容整理。

在对巅峰体验状态的一系列描述中,契克森米哈里的"畅爽"理论(Flow theory)的影响力最大,他通过研究艺术家、运动员、音乐家、棋坛高手以及外科医生对最优经验(Optimal Experience)的描述建立了"畅爽"理论。契克森米哈里认为当人们在进行活动时,如果完全投入情境之中,集中注意力并摒除所有不相关的知觉,就会进入一种畅爽的状态,畅爽是人们一种暂时性、主观的经验。同时,他还进一步给出了畅爽状态的维度构成及其解释(见表 6－2)。

表 6－2　畅爽状态的维度构成及其解释

畅爽状态的维度构成	维 度 的 解 释
清晰的目标和立即的回馈	很清楚自己要做什么且马上得到回馈让人感觉一切皆按计划进行
技能与挑战平衡	在畅爽状态中,对环境挑战的感知和对自身技能的感知是平衡的
知行合一	对体验的涉入程度如此深以至于完全情不自禁地发生
全神贯注	真正全身心地投入
掌控自如	无须刻意努力就能达到的状态,一切尽在掌握中
浑然忘我	与参与的项目融为一体,自己仿佛消失了
时间感扭曲	在畅爽状态中可能感觉时间过得很快,也可能感觉时间过得很慢,或对时间的流逝根本没有感觉
自成的目标	畅爽的最终结果,感觉只是出于喜欢而进行某种体验,是非功利性的,不会期望对自己的未来有回报或好处

资料来源:根据《旅游体验研究——走向实证科学》相关内容整理。

6.2 故宫游客体验环境优化研究

6.2.1 土地使用功能真实性游客体验

本节以故宫游客为调查对象,针对其对故宫空间环境土地使用功能的体验进行了问卷调查,调查的核心内容是围绕游客认为与故宫空间环境真实性内涵最相符合的土地使用功能类型。问卷中设定的问题为"您认为哪些故宫周边土地使用功能与故宫本身的景观特质相互融合呢?"从表6-3的调查结果可以看出绿化用地类型是游客认为与故宫空间环境真实性内涵最相符合的土地使用功能类型,其次为故宫空间环境中必不可少的道路广场用地,文化娱乐用地、教育科研用地和行政办公用地三种用地类型的样本数量比较接近。其他类型土地使用功能所占的样本数量相对较少。游客所认为的与故宫空间环境真实性内涵相符合的土地使用功能类型调查结果与故宫空间环境土地使用功能真实性保护现状较为吻合,这说明大部分游客认为故宫目前空间环境土地使用功能的真实性保护状况是比较令人满意的。但值得注意的是,也有部分目前在故宫周边所占面积较大的土地使用类型在游客看来是不符合故宫整体空间环境要求的,比如住宅用地。

表6-3 故宫景区土地使用功能真实性游客体验调查结果

土地使用功能	样本数量(单位:个)	所占比率(%)
绿化用地	314	30.49
住宅用地	60	5.83
行政办公用地	109	10.58
教育科研用地	111	10.78
医疗卫生用地	37	3.59
工业用地	17	1.65
道路广场	162	15.73
商业金融用地	30	2.91

续　表

土地使用功能	样本数量（单位：个）	所占比率（%）
文化娱乐用地	123	11.94
市政设施用地	67	6.50

6.2.2　建筑物风貌真实性游客体验

本节就游客对与故宫空间环境中的建筑风貌体验进行了问卷调查，调查的核心内容是游客对于建筑风貌与周边真实性历史环境融合程度的体验情况。调查问卷中建筑物风貌与故宫周边真实性历史环境的融合程度被划分为五个等级：一点都不融合、略微融合、融合、很融合和非常融合。从表 6 - 4 的调查结果可以看出有将近一半的游客认为故宫周边区域目前的建筑物风貌与故宫真实性历史环境是相融合的，其次是选择略微融合的游客，而选择一点都不融合的游客数量则位列第三位，综合上述情况来看，游客认为目前的建筑物风貌与故宫周边真实历史环境的融合程度相对偏低。

表 6 - 4　故宫景区建筑物风貌游客体验调查结果

建筑风貌空间融合度	样本数量（单位：个）	所占比率（%）
一点都不融合	58	11.6
略微融合	160	32
融　合	218	43.6
很融合	48	9.6
非常融合	16	3.2
总　　计	500	100

6.2.3　建筑物高度真实性游客体验

本书就游客对故宫空间环境建筑物高度真实性的体验进行了问卷调查，调查的核心内容是游客认为故宫真实性历史空间环境中最为合适的建筑物高度，问卷所设计的相应问题是"您认为与故宫本身景观特质相融合的周边建筑高度应该设定为多少呢?"。表 6-5 反映出了游客对故宫空间环境建筑高度的选择情况,认为 3~4 层建筑是最适宜故宫真实性历史空间环境建筑高度的游客样本数量最多,其次为选择 2 层建筑的游客,认为 5~6 层建筑为最适宜故宫真实性历史空间环境建筑高度的游客数量位居第三,然而选择平房为最适宜建筑高度的游客数量却只排到倒数第二。事实上,故宫周边区域历史上的建筑物高度整体上呈现出低矮平缓的态势,上述调查结果说明大部分游客对于故宫历史上真实的建筑物高度情况并不明晰。

表 6-5　故宫景区建筑物高度游客体验调查结果

游客认为最适宜建筑高度	样本数量(单位:个)	所占比率(%)
平　房	69	13.8
2 层建筑	120	24
3~4 层建筑	212	42.4
5~6 层建筑	85	17
7 层以上建筑	14	2.8
总　计	500	100

6.3　小结

本章核心内容是研究文化遗产景区游客体验环境优化。先从游客体验研究产生背景、文化遗产游客体验内涵、游客体验质量影响因素及游客体验质量测度等角度,对游客体验研究进行系统论述。在对已有研究成果进行梳理的基础之上,选取世界文化遗产故宫为实证研究区域,从土地使用功能真实性游客体验、建筑物风貌真实性游客体验、建筑物高度真实性游客体验三个方面,提出世界文化遗产景区游客体验环境优化策略。

第7章 文化遗产景区游客管理环境研究

7.1 游客管理内涵

7.1.1 游客管理概念起源

游客管理的研究与实践工作起源于西方国家的公共公园管理,20世纪初可获得廉价能源的大量增加促进了社会的繁荣和大量的个人旅行,并且因此增加了公园的游览量。20世纪50年代后期,随着美国公共公园由于游人数量的剧增开始被过度利用,国家森林和国家公园的游憩使用量以前所未有的速度增长(李燕琴,2006),这种现象使得人们对旅游负面影响的关注逐渐增加。因此环境保护是游客管理研究与实践工作的直接原因,并导致了"环境导向型"游客管理模式的形成。然而随着大众旅游的盛行及旅游业竞争的加剧,游客在游览活动中的旅游体验质量逐渐被重视,与此相对应,游客管理又被作为提高旅游体验质量及增加游客满意度的重要手段(何方永,2005)。

7.1.2 游客管理概念

游客管理是旅游目的地管理者使用现代管理手段,通过游客责任管理与游客体验管理,实现游客满意与旅游目的地满意的过程(何方永,2005)。刘亚峰和焦黎(2006)认为游客管理是景区管理的一部分,它是指景区经营管理者以游客为管理对象,对游客在景区内活动全过程的组织、管理。曹霞(2006)指出游客管理是旅游管理部门或机构通过运用科技、教育、经济、行政、法律等各种手段组织和管理游客的行为过程。此外,还有学者特别针对游客体验管理的概念给出自己的见解:冯海燕认为游客体验管理是以提高游客的整体体验为出发点,注重与游客的每一次接触,通过协调整合旅游全过程的各个阶段、各个游客接触点或接触渠道,有目的的、无缝隙地为游客创造匹配品牌承诺的正面感受,以实现良性互动,进而创造差异化的游客体验,实现游客的忠诚,强化感知价值,从而增加旅游区的经济效益和社会效益(冯海燕,2006);魏峰群(2006)指出游客体验管理是指旅游区全体人员及各个旅游部门同心协力,有效利用人力、物力、财力、信息等资源,建立起对符合游客期望的体验的研究设计、生产、销售等全过程、全环境、全方位的管理活动,其主要任务是:旅游企业必须将旅游产品和服务体验化,生产满足体验展示的商品;将产品融入体验品牌之中,策划展示产品体验的活动,增加旅游的体验内涵;合理组织旅游企业的生产要素,使产品稀缺感知化,增加其经济价值;重视员工的自我体验,维护并不断改善各种社会关系。

游客管理是旅游目的地管理的重要组成部分。目前学者们给出的游客管理概念主要由三个方面组成:一是游客管理的主体,二是游客管理的目标,三是游客管理的途径。基于上述分析,本书认为游客管理是指旅游管理部门或机构为了降低游客对旅游目的地的负面影响并提高游客旅游体验质量,运用各种方法组织和管理游客行为的过程。

7.2 游客管理研究进展

7.2.1 游客管理基础理论

1) 游客管理基础理论发展阶段

游客管理研究所依托的基础理论大致经历了两个发展阶段。第一阶段是从20世纪60年代到80年代,以游憩环境容量为基础的游客管理研究。环境容量的概念最早出现于1838年,当时被定义为支撑生物种群所必需的环境限制条件。而与国家公园和保护区相关的游憩环境容量的概念最早出现于20世纪30年代中期(杨锐,2003),游憩领域的环境容量内涵的核心是解决"多少游客才是最多的问题"(李燕琴,2006),该阶段游客管理的工作重心就是限制游客数量。然而随着游客管理相关工作的开展,人们发现控制游客数量并不是游客管理的最优或唯一途径,游客对环境的影响不仅与游客数量有关,还与游客素质、游客行为、游客活动时间等诸多因素有关。

基于游憩环境容量作为游客管理指导理论的局限性日益明显,游客管理基础理论的发展从20世纪80年代开始进入第二个阶段。该阶段游客管理所依托的基础理论是可接受改变极限(Limits of Acceptable Change)。可接受改变极限的概念是由佛里赛于 1963 年首先提出来的,后来由美国国家林业局于 1985 年出版的《荒野地规划中的可接受改变理论》中系统地提出了可接受改变极限的理论框架和实施方法(武艺、吴小根,2004),可接受变化限度为指导理论的游客管理所围绕的核心问题是"什么是一个公园里可以接受的生物物理和社会条件",从而使游客管理的重心从简单地限制游客数量发展到更加完善及灵活的保护环境的处理方法(Eagles et al.,2002)。

2) 游客管理基础理论的内涵

a. 游憩承载力理论(Recreation Carrying Capacity,RCC)

1838 年比利时数学生物学家弗胡斯特最早提出环境容量的概念,该概念随后被应用于人口研究、环境保护、土地利用、移民等领域(杨锐,1996)。与国家公园和保护区相关的游憩环境容量(Recreation Carrying Capacity)的提法最早出现在 20 世纪 30 年代中期(Cole et al.,1998),当时有学者提出一定时间内某一旅游地接待的游客数量应该有一定的限度,以保证旅游环境质量水平,并使绝大多数旅游者满意(Lapage,1963)。美国国家公园管理局也开始呼吁对国家公园的承载力(Carrying Capacity)或饱和点(Saturation Point)进行研究。从 1964 年起针对游憩环境容量的系统研究才真正出现。美国学者韦格(1964)出版了学术专著《具有游憩功能的荒野地的环境容量》,他认为游憩环境容量是指一个游憩地区能够长期维持产品品质的游憩使用量。1971 年里蒙和史迪科提出游憩环境容量是指某一地区在一定时间内维持一定水准给旅游者使用,同时不破坏环境和影响游客体验的利用强度。他们还首次提出将游憩容量分为生物物理容量(Biophysical Capacity)、社会文化容量(Social Cultural Capacity)、心理容量(Psychological Capacity)和管理容量(Managerial Capacity)四个方面。世界旅游组织在 1978—1979 年度的"世界旅游组织六个地区旅游规划和区域发展报告"中正式提到了旅游环境承载力的概念,从此这一概念被广泛应用于许多国家的旅游规划与管理中,对游憩承载力的探讨也进入了国际性的学术会议(王辉,2006)。从 20 世纪 60 年代到 80 年代,游憩承载力理论要解决的典型问题为"多少游客才是太多"。但由于影响因素太多,很难得到一个准确的答案。同时绝对、硬性地控制数量不利于游客更好地享受旅游资源,也不利于对游客旅游的全过程进行管理。把这一概念应用到实践中,人们也遇到了一些障碍,一是旅游对环境的许多负面影响来自游客数量以外的其他因素,二是游憩承载力的概念容易使人们将注意力仅仅集中在游客数量的控制上,而忽略目标设定、过程管理、公众参与等更有效的方法。

b. 可接受改变极限(Limits of Acceptable Change)

可接受改变极限理论是在对环境承载力理论的继承及对环境容量模型方法的革命性批判中产生的(杨锐,2003)。首次提出该理论的佛里赛认为如果允许一个地区开展旅游活动,那么资源状况下降就是不可避免的,也是必须接受的。其中的关键问题是要为可接受的环境改变设定一个极限,当一个地区的资源状况到达预先设定的极限值时必须采取措施以阻止进一步的环境变化。1972年佛里赛和史迪科进一步指出不仅应该对自然资源的生态环境状况设定极限,还要为游客的体验水准设定极限,他们还建议将可接受改变极限作为解决环境容量问题(即资源保护与旅游开发利用之间矛盾)的一个替选方法(武艺、吴小根,2004)。1984年史迪科等发表了论文《可接受改变的极限:管理鲍勃马苏荒野地的新思路》,在论文中第一次提出了可接受改变极限的框架。1985年1月,美国国家林业局发表了报告《荒野地规划中的可接受改变理论》,这一报告更为系统地提出了LAC的理论框架和实施方法(见表7-1)。对比环境承载力理论,可接受改变限度理论能更好地实现从概念到操作形式的转化,它关注的是旅游地发生多少改变是可以接受的,而不再拘泥于环境容量所关注的对于旅游地而言多少人数是太多了(Fernando et al.,2004)。

表7-1　可接受改变极限理论框架和实施步骤

步骤序列	核心任务	具体内容
步骤一	确定规划地区的课题与关注点	确定规划地区的资源特征与质量;确定规划中应该解决哪些管理问题;确定哪些是公众关注的管理问题;确定规划在区域层次和国家层次扮演的角色
步骤二	界定并描述旅游机会种类	每一个规划地区内部的不同区域,都存在着不同的生物物理特征、不同的利用程度、不同的旅游和其他人类活动的痕迹,以及不同的游客体验需求。机会种类就是用来描述规划范围内的不同区域所要维持的不同的资源状况、社会状况和管理状况
步骤三	选择有关资源状况和社会状况的监测指标	指标是用来确定每一个机会类别的资源状况或社会状况是否合适,或者接受的量化因素。LAC理论的创始者们建议选择指标时应该注意以下原则:一是指标应该反映某一区域的总体"健康"状况;二是指标应该是容易测量的

步骤序列	核 心 任 务	具 体 内 容
步骤四	调查现有资源状况和社会状况	主要是对步骤三所选出的监测指标的调查,同时也包括其他一些物质规划必要因素的调查,调查的数据将被标示在地图上
步骤五	确定每一旅游机会类别的资源状况标准和社会状况标准	标准是指管理者"可以接受的"每一旅游机会类别的每一项指标的极限值。符合这一标准,则表示这一地区的资源状况和社会状况(主要是游客体验状况)是可以接受的,是"健康的",一旦超过标准,则应启动相应的措施,使指标重新回到标准以内
步骤六	根据步骤 1 所确定的课题、关注点和步骤 4 所确定的现状制定旅游机会类别替选方案	规划者和管理者根据步骤一和步骤四所获得的信息,来探索旅游机会类别的不同空间分布,不同的方案满足不同的课题、关注点和价值观
步骤七	为每一个替选方案制定管理行动计划	管理者和规划者进一步调查清楚从现实状况到理想状况的差距有多大,同时还需清晰采取什么样的管理行动才能达到理想状态
步骤八	评价替选方案并选出一个最佳方案	经过以上 7 个步骤后,规划者和管理者就可以评价各个方案的代价和优势,管理机构可以根据评价的结果选出一个最佳方案
步骤九	评价替选方案并选出一个最佳方案	监测主要是对步骤三中确定的指标进行监测,以确定它们是否符合步骤五所确定的标准,如果资源和社会状况没有得到改进,甚至是在恶化的话,应该采取进一步的或新的管理行动,以制止这种不良的趋势

资料来源:杨锐.从游客环境容量到 LAC 理论——环境容量概念的新发展[J].旅游学刊,2003(5):62-65.

c. 游憩机会谱(Recreation Opportunity Spectrum,ROS)

游憩机会谱理论是游客管理框架所依托的另一个基础理论。20 世纪六七十年代游憩机会谱由美国国家林业局开发。该理论从影响游客体验的角度,综合游憩地的自然、社会、管理等特征,将公共游憩地划分为不同的类型,即原始区、半原始无机动车辆区、半原始有机动车辆区、通路的自然、乡村区及城市区(见表 7-2),每一个类型都有相应的社会、管理和环境状况,不同类型的区域提

供不同的旅游活动,即不同的游憩机会,从而实现为游客提供多样化的体验以及
保护资源等多重目标(Broadhurst,2001)。

表7-2　游憩机会谱中公共游憩地类型特征

类　型	环　境	面　积	人类迹象	人类接触水平	道路和车辆
原始区	未经人工改造的自然环境	面积大(大于2 500英亩)	人类使用迹象最少	接触水平非常低	道路数量最少;禁止使用机动车辆
半原始无机动车辆区	绝大部分是自然环境,少量不明显的人工改造	面积由中到大(大于1 500英亩)	使用者的迹象普遍	游客相互接触水平低	禁止机动车辆进入,但可能有道路
半原始有机动车辆区	绝大部分是自然环境	面积由中到大(大于1 500英亩)	使用者的迹象经常出现	游客相互接触水平较低	低标准的自然式铺装道路和小径;部分游憩者使用的路径允许机动车辆使用
通路的自然区	绝大部分是自然环境,经过中度的人工改造	没有最小面积的限制	使用者的迹象普遍	游客相互接触水平由中等到高等	建设有标准的道路和设施,允许机动车辆使用
乡村区	由于人类发展以及植物耕作,自然环境在很大程度上被改变	没有最小面积的限制	人类的声音和影像普遍	游客相互接触水平由中等到高等	为数量众多的人群和特定活动设计设施;机动车辆的使用密度高,并提供停车场
城市区	环境中人类建造物占主导地位;植被通常是外来物种并经过人工修剪	没有最小面积的限制	到处充斥着人类的声音和影像;使用者数量众多	游客相互接触水平高等	建造设施以供高密度的机动车辆使用,并提供停车场,有时还为大众运输提供设施

资料来源:美国林业局(Department of Agriculture，Forest Service). ROS 使用者指南(ROS Users Guide),1982。

7.2.2　游客管理研究内容

学术界对于游客管理这一议题的相关研究成果非常丰富,选取的视角也是

多种多样。曹霞和吴承照认为游客管理的相关研究内容主要集中在游客容量、游客需求和偏好、游客体验、游客行为、游客冲击以及游客安全（曹霞、吴承照，2006），该种对游客管理研究内容的概括方式被很多学者采纳。本书也按照上述六个方面内容对游客管理的研究成果进行介绍。然后再根据游客管理研究内容之间的联系构建出游客管理研究框架

1）游客容量

环境容量的概念是由比利时数学生物学家 Forest 最早提出的，此概念随后被应用于人口研究、环境保护、土地利用、移民等领域（杨锐，1996）。与国家公园和保护区相关的游憩环境容量（Recreation Carrying Capacity）的提法最早出现在 20 世纪 30 年代中期（Cole，1998），随后学者们陆续给出了游憩环境质量的概念：韦格认为游憩环境容量是指一个游憩地区能够长期维持旅游品质的游憩使用量（Wagar，Jalan，1964）；里蒙和史迪科提出游憩环境容量是指某一地区在一定时间内，维持一定水准给旅游者使用，而不破坏环境和影响游客体验的利用强度（杨锐，1996）。20 世纪 60 年代到 80 年代是游憩环境容量研究的高峰年代。到了 20 世纪 70 年代末，美国的主要大学几乎都有学者研究环境容量问题。

游客容量管理是游客管理研究最先被关注的领域，国家公园游客量的增加是游客管理研究与实践工作开展的起源，其研究对象从有林业背景的旅游地扩展到生态旅游地、遗产型城市以及历史文化城镇等。上文介绍的一系列游客管理模式［"游客体验与资源保护"模式（VERP）、"游客影响管理"模式（VIM）和"游客活动管理过程"模式（VAMP）］就是基于游客容量管理的系统性成果。除此以外，学者们还对客流预测以及游客容量管理方法等具体问题进行了研究：Lawson 等（2003）利用计算机模拟工具，模拟出游客在选定地点内作日间旅行的路线网络，并据此对旅游地的社会容量进行预测，从而完成了对 Arches 国家公园游客容量的先期预测和适应性游客管理研究。Burger 等人（2001）利用时间序列法对南非旅游城市德班的旅游客流进行了预测；对游客容量管理方法的研究中，Kim（1997）运用 GIS 技术研究了游客在 Lake Mead 的游憩活动、影响参数和满意度之间的相互关系，并据此确定需要实施游客容量管理的地域。Tony Prato（2001）在对 LAC 和 VIM 理论进行整合的基础上，提出了由自适应生态系统管理模型（Adaptive Ecosystem Management，AEM）和游客容量多种指标评分法（Multiple Attribute Scoring Test of Capacity，MASTEC），从而构成了游客容量的量化评价模型系统。Bosselman 等（1999）将游客容量管理战略归结为保护战略、渐进增长战略和增长限制战略 3 种类型。

2) 游客需求和偏好

Bill Branwell(1998)认为全面深入地了解游客的需求偏好对旅游规划编制和旅游产业发展具有十分重要的意义；Plog(1974)通过分析不同人格特征的游客旅行偏好提出了旅游者心理类型分布与目的地选择的关系模型；Goodall认为游客的需求偏好由社会压力和个体需求共同决定，在动机及偏好的共同作用下形成度假目标，并在此基础上做出选择决策同时实现旅游体验(吴必虎，2001)；Litvin等学者(2001)通过研究表明：普通民众与游客以及第一次来目的地的游客与回头客之间在旅游产品的需求偏好上存在明显差异；Yong等学者(2004)研究了来自欧洲、北美和日本的国际游客对韩国首尔的旅游需求偏好，认为游客对特定游憩活动的偏好与他们在该活动中的花费之间并没有直接的联系；Shoval和Raveh(2003)以耶路撒冷为例，采用"co-plot多元分析方法"分析了不同城市旅游者对不同城市旅游吸引物的偏好，发现游客在旅游地逗留时间的长短和到旅游地的次数对他们在旅游地的消费有重要影响。

3) 游客行为

游客行为研究是游客管理研究中的又一个研究议题。Joseph(1996)通过调查乌干达Kibale国家公园最终得出游览该公园游客的行为特征。Kim等学者(2003)通过考察韩国国家公园的游客从而总结出公园游客的行为特征。Gimblett等学者通过建立动态仿真模型对游客行为进行跟踪监测和管理，从而研究游客活动与景区环境以及游客游览过程中彼此之间的互动关系以及其对游客体验质量的影响。Martin Oppermann(1997)分析比较了第一次去新西兰旅游的游客和回头客之间的行为差异，结果发现回头客在旅游地的逗留时间通常更长，但活动范围却相对集中。Eric Laws(1998)讨论了遗产旅游地游客行为管理对遗产保护的必要性。Poria等学者(2003)调查研究了四组参数"个人的性格""遗产地属性""知觉""认知"和行为(前期行为、中期行为、后期行为)之间的关系。结果显示个人对遗产地的认知与旅游类型有关，同时特别指出与遗产地有密切关系的人(比如有地缘关系的人)可能与其他人表现得不同。

4) 游客冲击

游客冲击是指由游客的游憩利用引起的对游憩区的自然生态环境、人文社会环境条件的负面影响。由游憩利用而引起的冲击通常包括资源冲击、社会环境冲击与管理环境冲击(李艾琳等，1999)。资源冲击包括水质改变、土壤物理与化学性质改变(包括侵蚀、土壤板结、矿物质流失等)、植被损失、植物群落结构改变、空气污染、景观改变等。例如泰国的海滨旅游活动导致的海滨水体污染，使得 60%以上的珊瑚生存环境面临长期威胁(Wong,1998)。旅游者的排泄物、抛弃的难分解的塑料袋、易拉罐、塑料瓶等垃圾进入土壤,易使土壤结构发生变化,土壤微生物活动减少,特别是残余的饮料汁液溅洒到土壤里,使局部土壤酸碱度发生变化(冯学钢、包浩生,1999)。在开展旅游活动的地方,人畜踩踏与车辆碾压植物是很难避免的(Weaver,1978)。踩踏对植物的损害程度通常与踩踏者的类型、重量、踩踏的强度、持续时间和植物自身的性状密切相关(Coledn,1998);社会环境冲击主要是由游客与其他人之间的社会冲突引起的。社会冲突是指游客感知到的人与人之间(包括游客之间、游客与商贩之间)互动的负面影响,例如:拥挤感、噪声、游客之间的冲突、游客与经营管理者之间的冲突等。此外,人的不文明行为也可能造成游客的负面感知,如一些游客乱扔垃圾、乱刻乱画、故意损坏游憩区公共设施、故意惊扰野生动物等。正如有些学者指出的那样,"旅游业为一个国家或地区的经济发展、文化繁荣、社会进步做出了不可磨灭的贡献,但同时也给社会环境乃至旅游地居民的心理环境造成了不同程度的影响"(Briassoulis,2000);管理环境冲击主要指游憩区的经营管理措施及设施设计维护不当,也可能使游客产生负面感知。具体包括厕所卫生问题、设施维护不良、商贩经营环境脏乱等。Mieczkowski(1990)认为遗产旅游活动对于环境的影响主要是过度拥挤、过度开发、无规则的游憩活动、垃圾污染、汽车活动等对土壤、植被产生的冲击与影响。

5) 游客安全

国外旅游安全研究萌芽于 20 世纪 70 年代,最初的研究主要集中在犯罪等社会不安全因素对旅游的影响,20 世纪 90 年代旅游安全引起了较为广泛的社会关注,并形成了旅游安全研究历史上的阶段性高潮(余超,2010)。游客安全管理的研究主要包括游客安全意识研究、游客安全评估研究、游客安全事故成因研究和游客安全保障研究等方面。关于游客安全意识的研究中,Neil Carr(2001)在研究年轻旅游者对伦敦都市度假环境的危险感知时认为出于安全的顾虑使相当多的旅游者不能在目的地尽情休闲和放松。Demos(1992)在和华盛顿游客访谈中了解到游客对安全的态度与他们的性别、婚姻状况、受教育程度等有关,并发现有 1/3 的游客非常关心他们的安全,有 39%的游客认为在这个城市天黑后就没有安全感,还有 1/3 的游客认为出于安全的考虑不会重游华盛顿。许纯玲、李志飞(2000)认为,安全意识主要表现为旅游者以及旅游从业人员的安全预防意识、安全补救意识及安全法律意识;在游客安全评估研究方面,Lovelock(2003)在对新西兰进行实践研究的基础上考察了旅游事故的范围和程度,分析了旅游者的危险体验情景以及对各国旅游安全等级的评估,提出了旅行社的旅游安全忠告模型。Page、Bentley(2005)通过对苏格兰的专题研究提供了在一系列旅游活动及游客事故中最危险的旅游活动是骑马、四轮越野车和雪上运动;有关游客安全事故成因的研究成果中,Mieczkowski(1995)将旅游目的地对游客安全的影响分为自然力引起的威胁和人为原因造成的事故灾害。Richard George(2003)通过对开普敦游客的随机调查发现:游客的国籍、逗留时间长短以及是否曾经经历过犯罪事件等因素都将在很大程度上影响和决定游客对目的地安全的认知;在游客安全保障的研究中,Mawby(2000)通过研究分析后提议,应告知游客有关游览旅游区的风险,以减少他们对安全事件的恐惧,并有目的地进行一些旅游安全知识的教育。Tim 等(2008)研究了昆士兰探险和生态旅游经营者的安全管理做法,并通过网上调查收集信息,探讨旅游行业在未来的发展中应建立一个安全监测系统,以协助运营商进行安全管理。邹统钎等(2009)认为,各旅游组织要加强旅游者安全教育,使他们深入了解并理解旅游的危险性。

7.2.3 美国游客管理模式研究

目前世界上遗产游客管理的主要思想大多来自西方经济发达国家,已经形成的世界城市也大多属于发达国家。因此,对于我国在建设世界城市目标指引下的文化遗产游客管理的政策研究需要了解西方国家世界遗产游客管理的核心内容。发达国家世界遗产管理以国家公园体制为重要手段,西方的国家公园体制是一种重要的文化与自然遗产管理体制,该体制下包含了发达国家管理世界城市所拥有遗产的一整套游客管理思想和方法(罗家明,2004)。LAC 理论和ROS 理论的诞生带来了国家公园与保护区规划和管理方面革命性的变革,此后一些发达国家以上述理论为基础并根据各自的外部环境,推出了一系列国家公园体制下游客管理模式:美国国家公园管理局根据 LAC 理论的基本框架,制定了"游客体验与资源保护"模式(VERP:Visitor Experience and Resource Protection),加拿大国家公园局制定了"游客活动管理规划"模式(VAMP:Visitor Activity Management)、美国国家公园保护协会制定了"游客影响管理过程"模式(VIM:Visitor Impact Management Process),澳大利亚制定了"旅游管理最佳模型"(TOMM:Tourism Optimization Management Model)。这些方法和模式在上述国家的规划和管理实践中,尤其是在解决资源保护和旅游利用之间的矛盾上取得了很大的成功。下文对一些国家的游客管理模式进行了系统梳理。

1)"游客体验与资源保护"模式(VERP)

美国国家公园管理局于 1997 年制定了"游客体验与资源保护"模式。该模式被用作制订环境承载力政策的规划框架,同时也作为一种监测和管理工具。它强调构建一套具体的行动方案,通过监测将关键性指标控制在特定的许可范围内,实现对风景资源的最有效而无害的永续利用。它最终形成一系列指导性的管理分区,每个分区内通过指标和标准确定未来想要达到的理想状况(见表7-3)。VERP虽然建立在LAC理论的基础之上,但它比LAC理论更多地考虑了环境因素和资源条件,同时还将来自游客行为和旅游活动强度、类别、时间、地点等方面的影响纳入考虑范畴,因此VERP既强调对环境承载力进行战略性决策,又促成高质量的资源价值与高质量的游客体验的平衡(李娜,2008)。

表 7-3　"游客体验与资源保护"模式的实施步骤及组成要素

步　骤	要　素　组　成
建立框架	组成一支由不同领域专家参与的项目团队
	制定一个公众参与计划
	确定公园的目标、重要事务和主要的工作主题,明确规划要求和限制条件
分　析	分析公园资源状况和当前游客使用资源状况
	描述游客体验和资源状况的潜在发展空间(即拥有何种资源的地区将产生何种游客活动)
操　作	为潜在发展区域选定其在公园内的特定区位(管理分区)
	为每个分区选择指标,确定各指标的评价标准,并制定监测规划
监测与管理	监测资源和社会的各项指标
	实施管理行为

2) "游客影响管理"模式(VIM)

美国国家公园和保护协会在1990年提出"游客影响管理"模式,建立该模式的目的在于为公园管理者提供必要的管理游客影响的方法。VIM模式中游客并不是对旅游地产生影响的唯一因素,同时也考虑到了国家公园中的环境问题及游客的体验问题(见图7-1)。VIM模式的核心内容是:降低或控制威胁遗产地资源和游客体验的影响;运用明确的管理目标描述、监测遗产地环境,建立管理政策,解决问题;向管理者提供必要的管理游客影响的方法(袁南果、杨锐,2005)。VIM模式中的管理目标确定了可接受的影响范围和水平,每个影响指

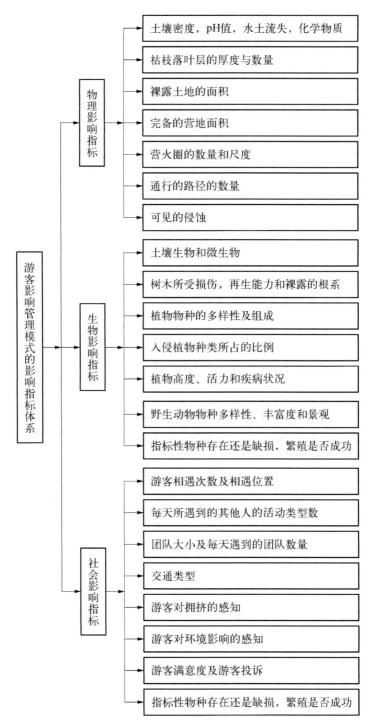

图 7-1 "游客影响管理"模式的影响指标体系

标的标准都依照管理目标来建立。VIM 模式强调对引起影响的原因进行分析并制定管理策略,并提供了管理策略的分类方法和评价方法,主要用来解决现存的而不是潜在的影响问题(符霞,2006)。

7.2.4 加拿大"游客活动管理过程"模式(VAMP)

1985 年加拿大国家公园局针对不同游客活动种类提出了"游客活动管理过程"模式(田宏,2007)。旅游管理者依据旅游消费者的需求,预先策划设计出旅游活动的类型,并对即将发生的游客的旅游及消费活动进行管理。该模式为开发中的公园以及已建成公园的规划管理提供了有价值的指导。"游客活动管理过程"模式的关注点由原来的旅游产品(即旅游景点及其为游客提供的旅游经历)转变为旅游市场,即强调实现消费者的需求,该模式并不受太多理性的限制,它在制定服务计划时需要考虑利益相关者的作用。"游客活动管理过程"模式的实施包含七个步骤(见图 7 - 2),与此同时,模式的顺利实施还要求游客活动的信息必须是可靠的和科学的数据,该模式推崇向游客进行教育和解说,强调对游客进行"激发型"管理。

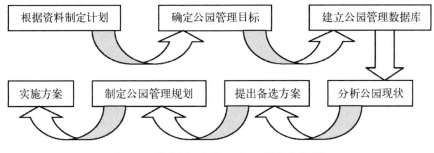

图 7 - 2 "游客活动管理过程"模式实施步骤

7.3 北京世界文化遗产景区游客管理研究——以故宫为研究案例

7.3.1 故宫游客空间行为管理研究

1) 故宫游客空间行为管理现状

目前故宫对于游客的空间行为管理主要涉及四个方面:故宫内部游客参观

线路管理、故宫内部游客服务设施空间设置、故宫内部游客无障碍通道空间安排、故宫游览交通路线指引。

　　a. 故宫内部游客参观线路管理

　　午门是故宫博物院的南门,自 2011 年 7 月 2 日始只作为观众参观入口,从东华门或西华门沿东、西筒子河路前行均可到达。从天安门经端门到达午门,周

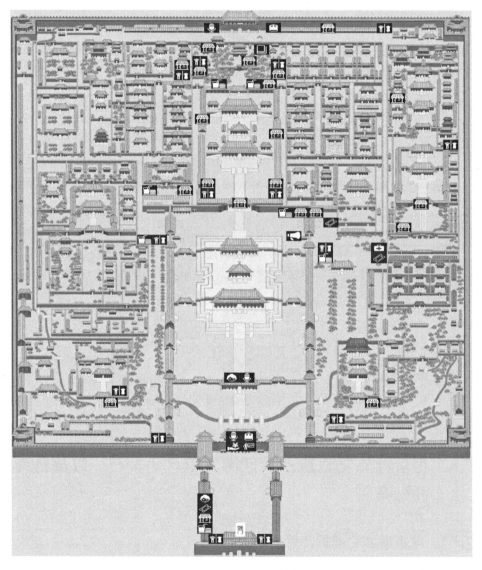

图 7-3　故宫内部游客服务设施空间分布图

图片来源:故宫博物院官方网站(网址:https://www.dpm.org.cn/Visit.html♯block1)

一闭馆日全天不可通行。实际开放情况以现场公告为准。神武门是故宫博物院的北门,自 2011 年 7 月 2 日始只作为观众参观出口。东华门是故宫博物院的东门,现作为观众参观出口,从王府井商业街沿东安门大街西行 800 米可以到达。西华门是故宫博物院的西门,平时仅做工作人员通道。

b. 故宫内部游客服务设施空间设置

为了服务游客,满足游客在故宫内部的各种游览需求,故宫在内部不同空间区域设置了以下游客服务设施:餐饮、观众服务处、广播、医务、售票处、书店、语音导览器、讲解、卫生间、存取包、商店、母婴室。由故宫内部游客服务设施空间分布图可以看出:故宫各类游客服务设施较为集中的分布在午门区域、太和门东西沿线、乾清门东西沿线、御花园周围区域以及顺贞门和神武门之间的区域。而在故宫的核心游览区域太和殿、中和殿和保和殿(三大殿)附近没有设置任何的游客服务设施,这是出于保护故宫核心历史文化景观的考虑。

c. 故宫内部游客无障碍通道线路设置

故宫针对有特殊需要的游客设置了故宫内部游客无障碍通道,从故宫内部游客无障碍通道空间线路图可以看出,故宫的无障碍通道贯穿故宫南北,连接了午门和神武门,整条无障碍通道的路线主要分布在故宫的东部,而故宫的西部并没有铺设无障碍通道。无障碍通道的此种路线设置使得有特殊需要的游客无法游览故宫的所有区域,而只能观看到无障碍通道沿线的景观。

d. 故宫游览交通路线指引

故宫管理者不仅针对游客在故宫内部的空间行为进行了管理,而且还对游客前来故宫游览的可达性进行了管理。故宫的官方网站对游客前来故宫游览的交通路线进行了系统介绍,其中主要涉及的交通工具是公交车和地铁。从故宫游览交通信息可以看出:午门周边的公共交通天安门东车站,停靠的车辆有 1、120、2、52、82、夜 1、观光 1 线、观光 2 线公共汽车和 1 号地铁线,天安门西车站停靠的车辆有 1、5、52、夜 1、观光 1 线、观光 2 线公共汽车和 1 号地铁线。神武门周边的公共交通神武门车站,停靠的车辆有 101、103、109、124 路无轨电车和 58、夜 13 路、观光 1 线、观光 2 线公共汽车,景山东门车站停靠的车辆有 111、124 路无轨电车和 58、夜 2 路公共汽车。东华门周边的公共交通车站有东华门和故宫东门,停靠的车辆有 2、82、夜 2 路、观光 2 线公共汽车。

2) 故宫游客空间行为管理评价及提升策略

故宫已经从故宫内部游客参观线路管理、故宫内部游客服务设施空间设置、故宫内部游客无障碍通道线路设施、故宫游览交通路线指引四个方面对游客空

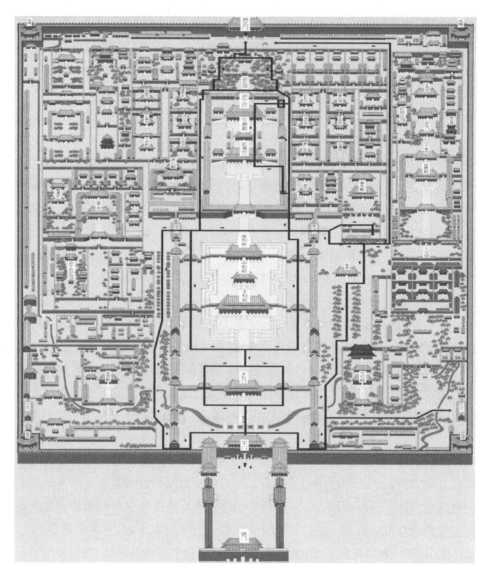

图 7-4 故宫内部游客无障碍通道空间线路图

图片来源：故宫博物院官方网站（网址：https://www.dpm.org.cn/Visit.html♯block1）

间行为进行了管理，但是其中的空间行为管理内容仍有需要改进和提升的空间，对于故宫游客空间行为管理内容的评价及提升策略如下。

　　a. 故宫内部游客参观线路管理评价及提升策略

　　故宫内部对游客参观线路的管理是实行自南向北的单向参观路线，即限定了游览故宫的入口和出口位置，这样的管理策略可以有效地引导游客在故宫内部从南到北的游览路线,此举措有利于故宫为游客创造安全、有序、舒适的参观环境,同时也更加有利于故宫对游客的管理。在未实行该项管理政策时,每逢故宫客流集中时段,由于故宫的北门和南门都允许游客的进出,所以经常出现游客交叉拥堵的现象。而在实行了故宫游览单向路线之后,游客都按照顺序由南向北行进,有效避免了交叉拥堵的情况。

本书认为该措施可以尝试做出下述调整:将故宫单向参观路线的管理措施从固定措施调整为弹性措施,在游客数量较多的时段实行单向参观路线,而在游客数量较少的时段取消单向参观路线的限制。与此同时,为了方便故宫的管理,让游客清楚地知道何时实行单向参观路线的限制,建议将实行单向参观路线的时间段固定下来,发布在故宫博物院的官网上,可以效仿故宫淡旺季门票制度的做法。

b. 故宫内部游客服务设施空间设置评价及提升策略

故宫内部配置的服务设施较好地满足了游客在游览故宫时的各种需求,这在一定程度上提高了故宫游客的满意度。然而值得注意的是,游客服务设施的配置在一定程度上破坏了故宫的历史文化风貌,甚至有些服务设施与故宫环境之间存在不相协调的问题。到底在游客心中是不是故宫目前所配置的所有服务设施都是不可或缺的呢?哪些服务设施破坏了故宫整体环境呢?针对上述疑问,我们采取了问卷调查的形式调查了故宫游客,问卷设计的相应问题如下:"您觉得哪些配套设施是您在故宫游览时必不可少的呢?""您所见到的哪些配套设施与故宫本身的景观不相融合呢?"调查结果如表 7 - 4 所示。

表 7 - 4　故宫内部服务设施游客调查结果

服务设施类别	不可缺少的服务设施		与故宫景观不相融合服务设施	
	个数(个)	比率(%)	个数(个)	比率(%)
餐饮点	192	16.5	230	23.8
商　店	148	12.6	281	29
卫生间	278	23.8	117	12.1
观众服务处	118	10.1	53	5.5
医　务	125	10.7	46	4.8

服务设施类别	不可缺少的服务设施		与故宫景观不相融合服务设施	
	个数(个)	比率(%)	个数(个)	比率(%)
母婴室	113	9.8	61	6.4
存包处	79	6.8	111	11.5
语音导览器	114	9.7	67	6.9
总　计	1 167	100	966	100

该调查结果反映出大多数游客认为最不可缺少的服务设施是卫生间,其次为餐饮点,无论是从调查结果反映的情况还是从游客的客观游览需求来判断,卫生间和餐饮点确实是游客必不可少的服务设施。选择商店、医务室、观众服务处、语音导览器和母婴室为不可缺少服务设施的游客数量很接近,其样本数量低于卫生间和餐饮点的样本数量,说明这四种服务设施被一部分游客所需要,此类设施需要在故宫内部进行配置,但是可以考虑减少配置的数量和所占用的空间。而选择存包处为不可缺少服务设施的游客数量较少,因此建议取消存包处在故宫内部的配置。

该调查结果也显示出商店和餐饮点是大多数游客心中与故宫景观最不相融合的服务设施,但是考虑到餐饮点和商店在不可缺少服务设施调查中所占的样本数量较多,建议对故宫餐饮点和商店进行外形上的整饰,以期更加符合故宫的整体历史风貌。

c. 故宫内部游客无障碍通道线路设施评价及提升策略

上面已经提到故宫无障碍通道贯穿故宫南北,连接了午门和神武门,整条无障碍通道的路线主要分布在故宫的东部和中轴线,而故宫的西部并没有铺设无障碍通道。无障碍通道的此种路线设置使得有特殊需要的游客无法游览故宫的所有区域,而只能观看无障碍通道沿线的景观。建议在不损坏故宫古建筑及道路的情况下,增加故宫无障碍通道铺设的区域,重点扩展故宫西侧的无障碍通道设置。但是值得注意的是,出于保护故宫文化遗产的需要,不可能做到在故宫的所有线路和区域都铺设无障碍通道,应该在客观条件允许的情况下尽可能地在故宫内部铺设无障碍通道,从而更好地满足有特殊需要游客的游览需求。

d. 故宫游览交通路线指引评价及提升策略

故宫对游客前来游览的交通路线指引主要以附近的公交站点及地铁站点为核心,对途经这些站点的各路公交车和地铁进行了介绍,目前能够到达故宫的公共交通工具就是公交车和地铁,在这种情况下故宫对游客前来游览的交通路线指引还是比较全面的。然而,对游客游览交通路线做指引的目的是增加游客到故宫游览的可达性,在该目标的指引下,故宫做的工作还可以进一步提升。由于故宫已经实行由南向北单线参观路线政策,那么其所介绍的故宫北门的公交站点图就应该进一步说明在此类站点下车的游客还需绕行至故宫南门才能进入景区,这样一来游客可以更好地选择近便的出行路线,从而提高故宫的可达性。

7.3.2　故宫游客容量管理

1) 故宫游客容量管理现状

a. 故宫年接待游客数量巨大,且游客数量增长迅速

每年故宫接待的游客数量巨大,而且前来参观的人数呈现不断攀升的态势。

b. 节假日时间是故宫游客数量达到峰值的特殊时段

每年的黄金周和暑假期间都是故宫游客人数最多且最为集中的时段。

c. 故宫的游客限流措施在实际实施过程中夭折

为了保护故宫以及保障游客的游览安全,故宫管理者于 2011 年采取了控制故宫游客数量的限流措施,该措施规定故宫每天游览人数的上限是 8 万人,实际进入故宫的游客数量一旦达到 8 万人就停止售票。然而在实施这一限流措施时却引起了游客极大的反感,故宫为了限流宣布停止售票后,聚集在售票处的游客根本不愿离去,且强行阻止售票窗口的关闭。于是,在大量情绪激动的游客面前,故宫只能继续售票。这也宣告了故宫游客限流措施的夭折,实践证明短时期内故宫无法采取硬性停止售票的限流措施,否则会激化现场矛盾,酿成安全隐患。

d. 扩大开放面积是故宫目前游客容量管理的重要举措

故宫的游客最大承载量与故宫向游客的开放面积有很大的联系,当扩大故宫开放面积时,故宫的游客最大承载量将有所增加,例如 2002 年故宫实施修缮工程之前,只有 30% 的面积对游客开放,2002 年故宫接待游客的总数量为 713万人。随着故宫修缮工程的不断推进,其开放面积也在不断扩大。作为皇家藏书楼的文渊阁已经在 2013 年"五一"假日之前向游客开放。2013 年七月份,被重新布置为青铜器馆的承乾宫和永和宫已经向公众开放。故宫管理者通过上述

一系列增大开放空间的举措,有效地提升了综合服务接待能力,从而也提高了故宫的游客容量。到 2013 年故宫的开放面积已经达到总面积的 52%,故宫管理者通过持续开展古建筑整体维修保护工程,2017 年开放面积扩大到 76%,其接待游客的能力得到提升,游客的最大承载量也随之增加。

2) 故宫游客容量管理提升策略

售票制度的改革对于控制故宫游客容量有立竿见影的效果,但是鉴于 2011 年实施的停止售票手段成效不佳的经验,对故宫售票制度的改革必须科学、合理、有效。第一是建立故宫售票预约制度,国内很多博物馆开始实行售票预约制度,这种售票制度的实行增加了预约售票的覆盖率,达到了减少现场售票造成的拥挤现象的目的。第二是配合实行分时段售票制度,对故宫游客分时段地放行,使得游客能够较为平均和分散地进入故宫进行游览参观,从而避免了高峰时段游客过度拥挤的现象。为保障故宫文物的真实完整,同时营造观众检票入院和参观过程的良好秩序,故宫博物院于 2023 年 11 月 1 日起优化分时段预约及检票措施,每日预约分为上午、下午两个时段。在"故宫博物院"微信小程序按时段预约。预约上午时段的观众最迟检票时间为当日 12:00,预约下午时段的观众最早检票时间为当日 11:00。第三个策略是扩大故宫对外开放面积,改变过去故宫游客的游览以中轴线为主的路线特征,进一步深度挖掘具有吸引力的院内参观游览新线路,强化对游客游览活动的疏导干预手段,从而提升故宫游客容量,同时还能够提高游客游览满意度。第四个提升策略是加强与旅游系统中其他组织及企业之间的合作关系,增加故宫在游览淡季的旅游吸引力,从而实现"削峰填谷"的目的,同时也提升了故宫每年总的游客接待数量。

7.3.3 故宫游客冲击管理

1) 故宫游客冲击管理现状

a. 故宫的防火灾管理

故宫是世界上现存面积最大的木结构皇家宫殿建筑群,由于故宫的建筑材料是大量的木材,所以极易引起火灾,且一旦发生火灾,其火灾扩散速度将会很快。火灾对于文化遗产的破坏性极强,很可能一场火灾过后,珍贵的文化遗产就会付之一炬,从而造成不可挽回的损失。历史上故宫就曾经多次发生过火灾,因此无论是过去作为皇家宫殿的故宫还是现在成为博物院的故宫,其不同时期的管理者均十分重视故宫的防火工作。为了避免引起火灾,故宫明确禁止进入故宫的游客吸烟。

b. 故宫对院内文物的保护管理

故宫对院内文物的保护管理分为两个方面：一个是对与游客直接接触的故宫建筑及古树的保护管理，故宫严格禁止损毁故宫建筑和古树的游客行为，其中特别强调禁止游客在故宫建筑和树木上随意涂画的行为；另一个方面是对故宫所展览的藏品，按照国际惯例在展厅不能使用闪光灯和三脚架拍照。在故宫与其他博物馆合作举办的展览以及特色商品店和展品，因有版权协议，是不允许观众拍照的。

c. 故宫对院内游览环境的管理

故宫的首要身份是世界文化遗产，对遗产的保护工作是故宫管理者的首要任务，这就决定了故宫内部开展的游览活动不能够破坏故宫作为世界文化遗产的历史风貌。为了营造故宫良好的游览环境，故宫要求游客的仪容整洁，行为得体(不要做出有碍观瞻、有损形象的行为)，禁止随地吐痰，禁止乱丢垃圾废物，不允许携带宠物进入故宫游览。

2) 故宫游客冲击管理提升策略

故宫目前已经从防止火灾、文物保护及环境塑造三个方面对游客冲击进行了管理。然而我们通过对故宫相关情况的实地调研发现：相当一部分游客并没有遵守故宫在游客冲击管理方面的规定，例如故宫内部仍然有游客吸烟及乱扔烟头的现象；故宫内部各个展区仍然有游客随意拍照；而游客在故宫内部随地吐痰及乱扔垃圾的现象也是屡见不鲜。这就说明故宫针对游客冲击所制定的管理条例并没有被很好地实行。要改变这种情况的途径包括两个方面：一是加大对游客相关行为的监督力度；另一方面是对游客进行保护故宫的宣传教育，提升其保护遗产的自觉性。

7.3.4　故宫游客安全管理

1) 游客安全管理现状

a. 故宫对游客人身安全的管理

人身安全的管理是故宫对游客安全管理的首要内容，确保游客在游览时的人身安全是故宫安全管理工作的重点。目前故宫对游客人身安全管理的工作主要包括两个方面：一是防止由于拥挤而造成的人身伤害事件(例如相互践踏等事件)，管理策略主要是疏导人群及对故宫游客容量进行管理；另一个方面是防止游客在故宫游览时的走失情况，为了使走失人员与其同伴之间取得联系，故宫设置了广播室，通过在故宫全院范围内播放广播寻人，帮助走失人员找到其同伴。

b. 故宫对游客财产安全的管理

故宫对游客财产安全的管理主要着眼于两个方面：一个是防止游客财物被盗窃的情况，另一个是防止游客被不法分子骗取财物的现象。故宫采取的主要措施是加强对游客的提醒，以增强游客自身的防范意识。

c. 故宫安检设施的配置

2013 年 7 月 1 日，故宫午门外新的安检设施正式投入运行，从而解决了检票和安检方面的难题。通过利用午门外广场的空间，故宫设置了安检房，缓解了原先检票口人多拥挤的压力；安检口从原先的午门东西门洞内部区域向前移动到午门外广场，解决了原先安检空间较为狭小的问题；安检人员由原先的本院职工担任调整为由专业安检保安人员担任，从而使安检人员的工作更加专业和高效，提升了故宫安检工作的质量。

2）故宫游客安全管理提升策略

21 世纪是信息化的世纪，进入新世纪的遗产管理工作也要充分利用先进的信息化技术的力量，传统的游客安全管理策略已经不能够达到令人满意的效果，所以建立故宫信息化监测平台对于故宫游客的综合管理（包括安全管理）具有重要的价值。通过故宫信息化监测平台可以全面地掌握故宫遗产状况与游客行为及其安全情况。事实上故宫已经开始开展信息化监测平台的建设：2011 年故宫正式成立"故宫世界文化遗产监测中心"，对文物建筑、馆藏文物、游客动态等 10 个方面进行持续监测，力求全面真实地反映故宫安全状况，为安全管理决策提供数据支撑，推动遗产保护工作从被动到主动、从直觉判断到信息化和智能化、由事后反应到事前预防的转变，实现故宫世界文化遗产保护的完整性、时效性、科学性和系统性。其中，"客流安全监测系统"项目是其中的重要内容，监测系统要实现的目标主要包括：游客人数精确统计、游客流量监测、游客容量预警、游客导引，从而为研究最佳游客容量提供数据，为游客管理提供基础信息。故宫的游客监测不仅涉及故宫文物安全、游客安全，也涉及游客参观舒适度等问题。

7.4　小结

本章针对世界文化遗产景区的游客管理环境进行了研究。首先对游客管理相关研究进展进行了梳理和分析，从而建立本章的理论基础，然后对游客管理模式案例进行了分析（包括美国"游客体验与资源保护"模式、"游客影响管理"模式以及加拿大的"游客活动管理过程"模式），从而为世界文化遗产游客管理政策的研究打开国际性视野。本章以世界文化遗产故宫为案例研究区域,针对其游客管理的研究主要从下述几个方面开展:故宫游客空间行为管理研究(包括故宫内部游客参观线路管理、故宫内部游客服务设施空间设置、故宫内部游客无障碍通道空间安排、故宫游览交通路线指引);故宫游客容量管理;故宫游客冲击管理(包括防止火灾、文物保护及环境塑造);故宫游客安全管理(包括游客人身安全及游客财产安全)。通过对上述四个方面的研究,本章最终提出故宫游客管理环境优化提升策略。

第8章　文化遗产保护与发展政策环境研究

8.1　国际法政策分析

国际法作为国家之间的法律法规,被世界各国所公认且被世界各国所遵守。世界遗产国际法是指适用于具有国际人格实体之间以及主权国家之间的有关世界遗产的法律规范总称。

8.1.1　国际组织历史遗产核心政策解读

国际公约是具有完全法律效力的国际法法律文件,国际公约缔约国被要求严格遵守国际公约中的各项规定。国际组织针对历史文化遗产保护与利用制定了一系列具有重大影响力的法律法规(见表 8-1):1904 年在西班牙马德里举办的第六届国际建筑师大会通过了《马德里大会建议》,其中关于"建筑纪念物保护与修复"的内容被认为开启了后来制定的一系列世界文化遗产保护宣言及公约的帷幕。1931 年在雅典举办的第一届历史纪念物建筑师及技师国际会议上通过了《关于历史性纪念物修复的雅典宪章》,该宪章是 20 世纪保护世界文化遗产的现代理论的原型和基础性文献。1964 年在意大利威尼斯举办的第二届历史纪念物建筑师及技师国际会议通过了著名的《国际古迹保护与修复宪章》,即后来被人们熟知的《威尼斯宪章》,该宪章是世界文化遗产保护的纲领性文件,它为现代遗产保护价值观及方法论的提出奠定了重要的基础,影响了后来世界遗产相关宪章和建议的制定。1972 年第十七届联合国教科文组织(UNESCO)大会在巴黎通过了著名的《保护世界文化和自然遗产公约》,这是世界遗产保护的根本大法,自此明确了国际社会保护人类文化遗产和自然遗产的义务,标志了世界遗产法律保护公约得到了国际法的确认。1987 年在美国华盛顿,国际古迹遗址理事会(ICOMOS)通过了《保护历史城镇与城区宪章》,即《华盛顿宪章》,该宪章将遗产保护对象从历史纪念物扩大到了历史城镇及历史街区,从而开启了对历史文化遗产周边环境整体保护和利用的新范畴。1994 年国际古迹遗址理事会在日本奈良通过了《关于原真性的奈良文件》，即《奈良文件》，该文件提出了世界文化遗产保护利用时须严格遵守原真性保护的原则，从而将世界遗产保护理念提升到新的高度。1999 年《关于乡土建筑遗产的宪章》在国际古迹遗址理事会第 12 届会议上通过，该宪章对《威尼斯宪章》所明确的保护对象范围进行了补充，将并非历史纪念物却体现着某一地域乡土文化风情的建筑遗产也纳入保护范畴。2003 年联合国教科文组织通过了《保护非物质文化遗产公约》，该公约将世界文化遗产的概念从有形遗产扩展到无形遗产，从物质对象扩展到了非物质对象范畴。2005 年国际古迹遗址理事会在中国西安通过了《关于历史建筑、古遗址和历史地区周边环境保护的西安宣言》，简称《西安宣言》，该宣言将文化遗产的保护范围扩大到遗产周边环境所包含的物质与非物质内容，将世界文化遗产本体及其周边环境的重要性提到了同等地位，并且明确提出对世界文化遗产本体及其周边环境进行整体保护和规划设计。

表 8-1　国际组织针对历史遗产发展制定的核心政策

发布 时间	世界遗产相关 核心政策	政 策 核 心 内 容
1904 年	《马德里大会建议》	其中关于"建筑纪念物保护与修复"的内容被认为开启了后来制定的一系列世界文化遗产保护宣言及公约的帷幕
1931 年	《关于历史性纪念物修复的雅典宪章》	该宪章是 20 世纪保护世界文化遗产的现代理论的原型和基础性文献
1964 年	《国际古迹保护与修复宪章》	该宪章是世界文化遗产保护的纲领性文件，它为现代遗产保护价值观及方法论的提出奠定了重要的基础，影响了后来关于世界遗产相关宪章和建议的制定
1972 年	《保护世界文化和自然遗产公约》	自此明确了国际社会保护人类文化遗产和自然遗产的义务
1987 年	《保护历史城镇与城区宪章》	该宪章将遗产保护对象从历史纪念物扩大到了历史城镇及历史街区，从而开启了对历史文化遗产周边环境整体保护和利用的新范畴
1994 年	《关于原真性的奈良文件》	该文件提出了世界文化遗产保护利用时须严格遵守原真性保护的原则，从而将世界遗产保护理念提升到新的高度

续　表

发布时间	世界遗产相关核心政策	政策核心内容
1999 年	《关于乡土建筑遗产的宪章》	该宪章对《威尼斯宪章》所明确的保护对象范围进行了补充，将并非历史纪念物却体现着某一地域乡土文化风情的建筑遗产也纳入保护范畴
2003 年	《保护非物质文化遗产公约》	该公约将世界文化遗产的概念从有形遗产扩展到无形遗产，从物质对象扩展到了非物质对象范畴
2005 年	《关于历史建筑、古遗址和历史地区周边环境保护的西安宣言》	该宣言将文化遗产的保护范围扩大到遗产周边环境所包含的物质与非物质内容，将世界文化遗产本体及其周边环境的重要性提到了同等地位，并且明确提出对世界文化遗产本体及其周边环境进行整体保护和规划设计

联合国教科文组织先后制定了一系列有关世界遗产保护的建议书、决议及操作指南（见表 8－2），从而为更深入地理解相关问题、制定政策及具体操作给出了科学的指导，这些文件对缔约国具有一定的规范作用。例如，《关于在国家一级保护文化和自然遗产的建议》就是作为《保护世界文化和自然遗产公约》的辅助文件被一并通过的。

表 8－2　世界遗产相关建议书

时　间	建　议　文　件	制　定　组　织
1956 年	《关于适用于考古发掘的国际原则的建议》	联合国教科文组织
1960 年	《关于博物馆向公众开放最有效方法的建议》	联合国教科文组织
1962 年	《关于保护景观和遗址的风貌与特性的建议》	联合国教科文组织
1968 年	《关于保护受公共或私人工程危害的文化财产的建议》	联合国教科文组织
1972 年	《关于在国家一级保护文化和自然遗产的建议》	联合国教科文组织
1975 年	《关于历史性小城镇保护的国际研讨会的决议》	国际古迹遗址理事会
1976 年	《关于历史地区的保护及其当代作用的建议》	联合国教科文组织
1978 年	《关于保护移动文化财产的建议》	联合国教科文组织

续　表

时　间	建　议　文　件	制　定　组　织
1980 年	《关于保护与保存活动图像的建议》	联合国教科文组织
1989 年	《保护传统文化和民俗的建议》	联合国教科文组织

资料来源：《中国世界文化遗产保护管理研究》

8.1.2　国际组织出台世界遗产相关政策发展阶段

1）第一阶段

1960 年以前是形成历史文化遗产现代保护理论的阶段，该阶段国际组织制定的世界遗产相关政策以在 1931 年雅典通过的《关于历史性纪念物修复的雅典宪章》为代表。此阶段国际组织的相关政策所关注的对象集中在较为有影响力的历史遗产上，考古发掘和文物复原是该阶段国际公认的保护历史遗产的重要方法。由于此时世界上为数众多的文化遗产在第二次世界大战中被严重损毁和破坏，所以此阶段国际组织针对世界遗产制定的国际公约或者建议主要关注避免由于战争的爆发和武装冲突的发生而给文化遗产带来的破坏。

2）第二阶段

20 世纪 60 年代至 90 年代是国际组织世界遗产发展的第二阶段。该阶段以《威尼斯宪章》诞生为起始点，该宪章延续了《雅典宪章》的相关内容，其扩展了历史遗产在保护、修复及发掘等方面的原则、方法和指导思想。它作为世界文化遗产领域最重要的国际文献，对后来国际、地区及国家制定文化遗产相关法律条令的标准产生了深远的影响。第二次世界大战结束以后，随着国际社会的经济快速发展，工业化刺激了城市的加快建设，为了进一步拓展城市的发展空间，城市原有的大量旧城遭到严重破坏。

为了避免更多的文化遗产在城市建设中遭到破坏，国际古迹遗址理事会和联合国教科文组织在《威尼斯宪章》的基础上，相继出台《保护世界文化和自然遗产公约》（1972 年）、《内罗毕建议》（1976 年）、《巴拉宪章》（1979 年）和《华盛顿宪章》（1987 年）。这些国际文献的核心内容包括两个方面：一是扩展了历史遗产保护的范畴，遗产保护对象从极具影响力的历史纪念物扩展到历史区域、历史城镇、历史园林等类型更为多样的历史环境；二是扩展了历史遗产保护的空间范围，从过去仅局限于保护历史遗产本体扩展到对历史遗产本体及其周边环境的整体保护。

3) 第三阶段

20 世纪 90 年代之后国际组织世界遗产相关政策发展进入第三个阶段,该阶段国际遗产政策的特征是在关注及认同世界文化多样性的背景下,国际遗产政策所关注的历史文化遗产范畴得以进一步扩大。该阶段出台的国际遗产政策包括《关于原真性的奈良文件》(1994 年)、《关于水下文化遗产的保护与管理宪章》(1996 年)、《世界文化遗产公约实施指南》(1997 年)、《关于乡土建筑遗产的宪章》(1999 年)以及《关于木结构建筑物保护的原则》(1999 年)。从上述出台的一系列国际文献可以看出:国际遗产政策所涉及的遗产类型更加多样化,包括水下文化遗产、乡土建筑、历史性木结构建筑、城市文化遗产等遗产类型。在历史遗产保护理念上,对于历史遗产的真实性和完整性予以了更多的关注。在对历史遗产空间范围的关注方面,开始重视全球范围内大空间尺度、规模大的人居环境、文化景观及地域特征的遗产保护工作。

4) 第四阶段

进入 21 世纪以后,国际组织的世界遗产相关政策发展也进入了第四个阶段。代表性遗产文件包括《关于风景的牛津宣言》(2000 年)、《世界文化多样性宣言》(2001 年)、《保护非物质文化遗产公约》(2003 年)、《关于文化遗址纪念地解释说明的宪章》(2004 年)、《关于保护历史建筑、古遗址和历史地区的周边环境的西安宣言》(2005 年)以及《保护和促进文化表达形式多样性公约》(2005 年)等国际文件。该阶段国际遗产政策在遗产保护范畴、遗产保护方式及遗产保护理念方面均有新的进展:遗产保护范畴基本上涵盖了人类产生以来所有的人文与自然、物质与非物质遗产的内容;保护方式上从过去单一的遗产保护策略到遗产的再利用以及功能置换等新的保护方式;保护理念发展为注重历史遗产与现代社会生活的相互融合,努力实现历史文化遗产及其周边环境所具有的独特历史环境氛围与现代城市空间的有机融合。

8.2 国际上与遗产相关的法规政策分析

除了联合国教科文组织和国际古迹遗址理事会等国际组织所颁布的国际遗产政策以外,许多国家从本国遗产实际情况出发制定和颁布了一系列保护及利用历史文化遗产的法律法规,这些遗产政策在国际社会同样引起了极大的反响,为世界遗产保护做出了重要贡献,并在相当大程度上对国际社会制定和实施遗产政策产生了影响。在建设世界城市的目标指引下构建适应于我国的世界遗产政策时,应该对国际上其他国家制定的遗产政策有系统的认识,从而有利于吸取他国的宝贵经验为我所用。

8.2.1　法国历史遗产核心政策

法国是世界上第一个制定历史遗产保护法的国家,从 18 世纪 90 年代开始法国相继出台了一系列保护历史文化遗产的法律法规(见表 8‐3),这些法律法规的颁布和实施决定了法国历史文化遗产的保护方式,促使法国的遗产保护工作更加全面和有效,与此同时对世界文化遗产保护政策的制定也产生了重大影响。法国对历史文化遗产的保护分为 3 个层次:分别是"文物建筑周围区域""历史保护区及建筑"以及"城市与风景历史遗产保护区域"。《保护历史古迹法》(1913 年)是保护"文物建筑周围区域"的核心法律,《马尔罗法令》(1962 年)是保护"历史保护区及建筑"的核心法律。这两部重要的遗产保护法令明确规定了遗产保护对象、保护方法及保护资金等核心内容,建立起了国家与地方相结合的遗产保护法律体系。

表 8‐3　法国历史文化遗产核心政策

法国遗产保护核心政策	政 策 核 心 内 容
《共和二年法令》	创建了法国文物博物馆,确定了历史文化遗产为民族共有的概念
《历史性建筑法案》	世界上第一个关于保护文物的法律
《历史建筑保护法》	第一部历史建筑的保护法令,提出"历史建筑"这一法定概念,明确指出历史建筑作为一种公众利益应受到保护
《保护历史古迹法》	世界上第一部保护文化遗产的现代法律
"历史建筑周边环境"法令	提出"历史建筑周边环境"的概念,确定在文物建筑周围半径 500 米范围内要采取保护措施。"历史建筑周边环境"的概念和保护范围以及相关保护措施是自动生效的,即一旦某个"历史建筑"被确定下来,在其周边就自动形成以 500 米为半径的保护区域
《马尔罗法令》	将保护对象从历史建筑扩大到了历史地区,形成了"保护区"的概念,使得在历史城区方面从保护历史建筑及其周边环境向保护完整的历史地段发展

续　表

法国遗产保护核心政策	政 策 核 心 内 容
历史建筑及其周边环境的调整	由于历史文化遗产具有各自的特点,机械地对其划定范围常常不能适应不同历史文化遗产及其周边环境的保护要求,所以重新确立了"风景、城市、建筑遗产保护区"的概念,扩大了保护范围,囊括了城市中更多有历史价值的地区和有历史意义的自然景观地区,从而能够为不同的历史文化遗产量身划定更为合适的保护范围

注:依据文献《历史文化遗产资源周边建筑环境的保护与规划设计研究》相关资料进行整理。

8.2.2　澳大利亚遗产核心政策

澳大利亚于 1974 年加入《世界遗产公约》,为加强对各类遗产的保护和管理,澳大利亚构建了系统的遗产保护法律体系,主要包括国际法、联邦法、州或领地法以及遗产地保护管理规划或条例(见表 8-4)。

表 8-4　澳大利亚遗产保护法律体系

法律体系	法 律 内 容
国际法	1974 年澳大利亚签署《世界遗产公约》;澳大利亚是联合国教科文组织发布建议的支持者,如《关于考古发掘的国际适用原则的建议》《关于保护濒危文化遗产的建议》《关于保护景观和遗址的风貌与特性的建议》
联邦法	《大堡礁海洋公园法案》《历史性古船保护法案》《土著居民托雷斯海峡岛民遗产保护法案》《环境保护和生物多样化保护法案》《可移动性文化遗产保护法案》《澳大利亚遗产理事会法案》
州或领地法	由于澳大利亚是联邦制国家,州或领地法在澳大利亚法律体系中占有重要地位。澳大利亚与遗产管理相关的法律主要由州或领地制定
遗产地保护管理规划或条例	澳大利亚核心遗产地均制定了保护管理规划或条例。例如大堡礁世界遗产地制定了《大堡礁世界遗产地 25 年发展战略规划》《大堡礁地区(禁止采矿)条例》《大堡礁海洋公园环境保护法案》

8.2.3　英国历史遗产核心政策

英国是对历史文化遗产保护起步较早的国家,该国对历史遗产的保护及管理以建立国家法律体系为核心(见表 8-5),确定了古迹遗址、登录建筑、保护区以及历史古城等层次分明的遗产保护体系。对各地方政府在历史遗产管理职能、资金政策及制度建立等方面给予明确的规定，与此同时，在立法及执法程序中引入了保护组织监督的内容。

表 8 - 5　英国历史文化遗产核心政策

英国遗产保护核心政策	政　策　核　心　内　容
《古迹保护法》	英国第一部有关历史文化遗产保护的法令，以保护古迹遗址为主要目标，指定了多处国家古迹，其颁布标志着英国遗产保护工作的正式开始
《城市环境法》	确定古迹周围 500 米为保护区，明确了历史文化遗产保护过程中保护其周边环境的重要性
《城乡规划法》	初步确立了登录建筑的保护制度，共列入 20 万个古建筑名单，这一制度在英国之后的遗产保护工作中起到了至关重要的作用
《城市文明法》	划定了具有特殊建筑艺术和历史特征的保护区，为街区保护制度提供了法律依据，标志着保护区制度的确立。提出了"保护区"的概念，将其定义为"其特点或外观值得保护或予以强调的、具有特别的建筑和历史意义的地区"
"英格兰遗产"项目	该项目致力于对历史建成环境的鉴定、保护和改善。其宗旨是保护英国（主要是英格兰本土）的历史建筑和考古遗产，鼓励市民理解并享受历史；该项目非常重视民众对于历史文化遗产的态度，鼓励公众参与到历史文化遗产的保护中来，这种举措对于历史文化遗产融入社会是非常有利的
《登录建筑和保护区规划法》	对"保护区"做了明确的定义，且对登录遗产政策做出明确规定

注：依据文献《历史文化遗产资源周边建筑环境的保护与规划设计研究》相关资料进行整理。

8.3　中国的遗产相关政策分析

8.3.1　中国的遗产核心政策

我们国家在 1961 年公布了《文物保护管理暂行条例》，同时宣布了第一批全国重点文物保护单位（共 180 处），从而建立起了中国重点文物保护单位管理制度。1982 年全国人大常委会第 25 次会议讨论通过了《中华人民共和国文物保护法》，该法的颁布标志着中国文物保护制度的正式确立，同时也明确了中国保护文物古迹的法律制度。2002 年第九届全国人民代表大会常务委员会第三十次会议对《中华人民共和国文物保护法》进行了修订：对中国的遗产保护范围进行了扩大，增设了对历史文化街区的保护；调整了文物的保护模式，提出既要强调文物的保护又要兼顾文物的合理利用。除了上述直接针对我国文物及历史遗产的法律法规先后出台以外，还有一些相关规划法规条例针对中国历史文化遗产提出了相应的规范与要求。例如《历史文化名城保护规划规范》明确提出受保护建筑、文物保护单位、历史文化街区等区域应划定保护范围、建设控制地带以及环境协调区；《城市紫线管理办法》提出对于历史建筑、历史文化街区要划定保护范围界线（即城市紫线），从而保护历史建筑本身及其周围风貌环境所组成的历史文化风貌地段，同时还要划定建设控制地区和风貌协调区域。

8.3.2 中国遗产相关政策的发展与完善

随着中国历史文化遗产相关保护及利用工作的不断深化，关于历史遗产保护及利用的经验被不断积累，与此同时，为了适应历史遗产工作发展的要求，中国针对历史文化遗产政策的制定也在不断完善和深化，下文将系统分析中国不同时期针对历史文化遗产制定的相关政策的核心内容以及其对中国历史文化遗产保护及利用工作的重要意义。

1)《文物保护管理暂行条例》

《国务院关于进一步加强文物保护和管理工作的指示》

公布首批全国重点文物保护单位 180 处。上述政策的重要意义在于初步建立了具有中国特色的重点文物保护单位的保护管理制度。

2)《中华人民共和国文物保护法》

该法律为中国历史文物保护法律制度的建立奠定了坚实基础，标志着中国现代文物保护法律制度的正式建立，自该法颁布以后中国的文物保护工作有了坚实的法律保障。

3) 第二批国家历史文化名城被公布

国家历史文化名城制度的建立构建起中国历史文化遗产保护工作体系的三个层次，即文物古迹保护、典型历史风貌及民族地方特色地段的保护、历史文化名城保护，从而形成从各级文物保护单位、历史文化保护地段到历史文化名城的由点及面的遗产保护体系。

4)《中国文物古迹保护准则》

该准则隶属于中国文物保护法规体系，它是指导文物古迹保护工作的行业准则,是对文物古迹保护工作的专业指导,它是评价文物古迹工作成果的重要标准,也是纠正文物古迹工作失误时的重要依据。该准则对中国文物古迹的保护及利用实践工作具有重要的指导作用。

5)《中华人民共和国文物保护法》的修订

经过修订的《中华人民共和国文物保护法》使得中国历史遗产的保护和利用更加适应我国目前的经济发展条件和要求。该法扩展了中国历史文化遗产的保护范畴,提出在利用历史文化遗产的过程中达到对遗产的深层次保护,为历史遗产保护与经济发展之间的关系协调提供了法律依据和理论参考,即明确了历史遗产保护与利用的关系:保护和抢救遗产是首要任务,对于历史遗产的利用是以保护和抢救为前提的合理及有限制的利用。

6) 出台针对非物质文化遗产的有关政策

《关于加强我国非物质文化遗产保护工作的意见》(国发办〔2005〕18 号),《国家级非物质文化遗产代表作申报评定暂行办法》(国发办〔2005〕18 号),《国务院关于加强文化遗产保护的通知》(国发办〔2005〕42 号)。2005 年这一系列针对非物质文化遗产的政策出台,将非物质文化遗产正式纳入中国的文化遗产保护体系,很好地补充了中国文化遗产保护对象的范畴,同时促使中国的世界遗产保护内容与国际社会接轨。

7)《历史文化名城保护规划规范》

该规范是专门针对已公布的国家级、省级及市级等不同级别层次的历史文化名城、历史文化街区制定专项保护规划的国家规范。该规范的出台使得针对历史文化名城保护所做的各项规划的编制内容有章可循、有法可依。

8)《城市紫线管理办法》

根据《中华人民共和国城市规划法》和《中华人民共和国文物保护法》中"加强对城市历史文化街区和历史建筑保护相关政策法规的制定"的相关规定,建设部于 2003 年颁布了《城市紫线管理办法》,该办法中给予"城市紫线"的定义为"国家历史文化名城内的历史文化街区和省、自治区、直辖市人民政府公布的历史文化街区的保护范围界线,以及历史文化街区外经县级以上人民政府公布保护的历史建筑的保护范围界线。"

9)《城市规划编制办法》

该政策中关于历史遗产保护的内容主要体现在一些条款中,在城市总体规划编制相关内容中,提到要"确定历史文化保护及地方传统特色保护的内容和要求,划定历史文化街区、历史建筑保护范围(紫线),确定各级文物保护单位的范围;研究确定特色风貌保护重点区域及保护措施。"在城市总体规划强制性内容中提到"城市历史文化遗产保护包括历史文化保护的具体控制指标和规定,历史文化街区、历史建筑、重要地下文物埋藏区的具体位置和界线。"

10)《全国重点文物保护单位保护规划编制审批办法》和《全国重点文物保护单位保护规划编制要求》

这两个文件为中国重点文物保护单位相关规划编制的内容及方法提供了标准,同时也为重点文物保护单位所编制的各项规划的审批工作提供了规范。

8.4 中国世界文化遗产专项法规体系

中国世界文化遗产专项法规体系是由四种遗产法规类型组成的,即针对某项特殊世界文化遗产的保护而制定的行政法规、综合性地方性法规、针对某项世界遗产的专门立法以及部门规章或地方政府规章(见表8-6)。国务院指定的遗产条例立法层次较高,效力实施的范围广,有利于协调不同行政部门及不同地方政府之间的遗产保护与开发工作,该类型遗产政策尤其适合于空间分布范围较广或者地跨不同行政区划的文化遗产的法律保障;综合性地方性法规的实施范围仅限于一省,但其对推动中国世界文化遗产的发展却具有十分重要的作用,其核心价值是用同一个法规统一规范了世界文化遗产与世界自然遗产的保护与管理,从而在一定程度上改变了中国以往遗产多头管理的显著问题,为中国世界遗产的国家立法提供了宝贵的经验;针对某项世界遗产的专门立法是中国目前采用最普遍的世界遗产法律政策制定方式,该类型法律政策的实施范围有限,但其内容较为明确和具体,因此更加具有针对性且便于操作;以部门规章或地方政府规章的形式出台的世界遗产法律政策,通常是在更高级别法律的立法条件不够成熟时所制定的过渡性法律政策,其法律效力较低且实施的范围也比较有限。

表8-6 中国世界文化遗产专项法规类型

法 规 类 型	制 定 部 门	部分法规名称
针对某项特殊世界文化遗产的保护所制定的行政法规	国务院	《长城保护条例》
综合性地方法规	地方立法机构	《四川省世界遗产保护条例》

法 规 类 型	制 定 部 门	部分法规名称
针对某项世界遗产的专门立法	地方立法机构	《甘肃敦煌莫高窟保护条例》 《陕西省秦始皇陵保护条例》 《福建省武夷山世界文化和自然遗产保护条例》 《福建省福建土楼世界文化遗产保护条例》 《云南省丽江古城保护管理条例》
部门规章或地方政府规章	国家或地方政府	《世界文化遗产保护管理办法》 《北京市明十三陵保护管理办法》 《北京市周口店遗址保护管理办法》

8.5 中国世界文化遗产法规的核心问题及立法建议

8.5.1 中国世界文化遗产法规的核心问题

中国目前的世界文化遗产法律体系由《中华人民共和国文物保护法》《中华人民共和国城乡规划法》《中华人民共和国文物保护法实施条例》以及《世界文化遗产保护管理办法》等一系列法律法规及部门规章和地方性法规等构成。中国作为世界遗产大国,针对世界遗产的立法工作却处在较为滞后的状态,政策法规的不健全导致中国世界遗产保护与发展缺少有效的法律保障。中国大部分世界遗产的管理职能依赖地方性或部门性的法律法规。这就导致在中国遗产法律体系中,长期以来以"文物保护单位""历史文化名城""风景名胜区"等概念代替"世界文化遗产"的概念,而针对"文物保护单位""历史文化名城""风景名胜区"所制定的法律法规并不完全适用于"文化遗产"的保护与利用,这种对象指代的不明确明显削弱了以法律为依据保护世界文化遗产的力度。与此同时,部分世界遗产地的空间范围和风景名胜区或文物保护单位的空间范围并不一致,从而出现法律真空地带,由此导致相关法律法规不能对世界遗产进行有效的管理。

8.5.2 中国世界文化遗产的立法建议

由国家相关部门牵头,针对世界遗产的保护和管理制定有较高法律效力的世界遗产综合法。该综合法要明确保护世界遗产真实性和完整性的原则,世界遗产的开发要在保护世界遗产真实性的前提下适度开展;设立世界遗产专家委员会,该机构将对世界遗产相关保护与利用规划提供咨询支持;明确世界遗产保护管理工作的目标及具体的制度要求;加强中国申报世界遗产工作的法律指导;明确世界遗产发展利益相关者的权利和义务;制定损坏世界遗产的个人及单位的惩罚机制;建立世界遗产专项基金,为保护和发展世界遗产资源筹集社会资金。

中国世界遗产的立法工作要重视建立完善的遗产保护与利用的法规体系,既要针对世界遗产保护和管理综合问题制定具有较高法律效力的世界遗产综合法,又要有针对具体遗产资源保护与利用的专项法,从而使不同类型世界遗产的保护和利用有章可循、有法可依,消除保护和利用方面存在的立法空白。在世界遗产专项法律的制定过程中,要注意法律法规相关内容的具体化,从而增强法律的可操作性。

中国世界遗产相关法律法规制定时要重点针对以下几个问题:一是明确我国世界遗产核心区与缓冲区的划定原则及方法;二是明确世界遗产保护主体及职责范围,从而明确各部门的管辖范围及相应职责,继而促使各部门分工协作、各司其职;三是明确世界遗产保护与利用的具体举措,包括遗产整体保护规划制度的确立,遗产核心区与缓冲区的保护与利用原则及具体措施,遗产建筑保护及利用措施;四是明确公众参与世界遗产保护与利用的权利与义务,因为公众的参与是世界遗产得以持续发展的关键。

8.6　小结

世界遗产法是规范世界遗产相关事务的国际法及国内法的总称。世界遗产相关政策的出台和实施均是围绕着世界遗产资源保护与开发两个核心议题开展的。世界遗产保护政策的核心是保护遗产资源的真实性,而针对世界遗产旅游活动发展的遗产开发政策则是世界遗产开发政策中的重要内容,因此合理有效的世界遗产保护与发展政策为均衡世界遗产真实性保护与旅游开发二者的关系提供了重要的法律依据。本书基于对世界文化遗产国际法分析、世界文化遗产外国法分析以及对中国相关遗产政策的梳理,总结出中国遗产政策制定的相关建议。

第 9 章　结论与展望

9.1　研究结论

文化遗产旅游是当今旅游研究中的热点议题,是旅游业发展的重要组成部分。文化遗产的发展是文化建设的重要内容之一,也是塑造地区自身文化特色的重要资源。我国拥有悠久的历史和灿烂的文化,丰富的历史文化遗产充分体现了国家的文化特质。文化遗产将是国家建设的名片和灵魂,有效地保护及可持续利用文化遗产是获得旅游最佳品牌效应的重要途径。

目前文化遗产研究的核心议题之一是如何通过平衡文化遗产保护与开发的关系,实现文化遗产资源合理有效发展。优化文化遗产景区发展环境是实现文化遗产保护与开发均衡发展的重要途径。基于上述讨论,本书从文化遗产开发与保护的矛盾问题出发,选取遗产本体、遗产游客及遗产政策三个视角,探讨通过文化遗产景区环境优化来缓解文化遗产开发与保护矛盾方法。遗产本体视角的环境优化研究包括遗产景区整体环境优化、遗产景区缓冲区建设以及遗产景区管理环境优化;游客视角的环境优化研究包括遗产景区游客体验环境研究与遗产景区游客管理环境研究;政策视角的环境优化研究包括遗产国际法政策分析、遗产外国法政策分析、我国遗产政策分析及建议。最终得出下述研究结论。

一是解决文化遗产保护与旅游开发矛盾的关键在于实现文化遗产真实性保护与满足游客体验二者的均衡。平衡发展文化遗产保护与旅游开发的核心问题在于如何在保护文化遗产真实性的前提下满足游客的旅游体验。文化遗产保护工作的最终目的在于保护文化遗产的真实性,而文化遗产开发的最终目的则在于满足游客的游览体验。因此处理好文化遗产真实性保护与满足游客体验之间的均衡关系问题是实现文化遗产保护与开发平衡发展的关键所在。

二是遗产景区空间环境优化、遗产景区游客管理以及遗产法律体系构建是协调文化遗产保护与旅游开发的重要经验。通过从国家层面及遗产景区发展的视角，针对其他国家及城市发展文化遗产的成功经验总结可知：文化遗产真实性保护与利用过程中要注重遗产景区空间环境及空间景观的协调；景区游客管理是实现遗产真实性保护与满足游客体验二者平衡的重要途径；文化遗产的保护与利用离不开完整有效的遗产政策体系。

三是借鉴数学集合理论建立集合关系模型用于揭示遗产真实性与游客体验真实性之间的关系具有较高合理性。本书借鉴数学集合理论思想构建了遗产真实性与游客体验真实性之间的集合关系，集合关系包含五种类型：相离关系、相交关系、包含关系Ⅰ、重合关系和包含关系Ⅱ。五种类型集合关系在内涵上存在差异，五种集合关系之间蕴涵着逐级演进的规律，即游客体验真实性不断向遗产真实性靠近并最终超过遗产真实性的演变过程。遗产真实性与游客体验真实性之间集合关系模型的建立对于文化遗产景区旅游发展具有指导意义。

四是文化遗产景区空间环境优化是实现保护遗产整体真实性历史氛围并提高游客体验质量的重要途径。针对遗产旅游有形空间环境以及无形空间环境的共同优化才能真正营造出和谐的文化遗产旅游空间环境。文化遗产旅游空间环境的大部分研究都是着眼于遗产旅游空间的有形部分，例如遗产周边建筑物、绿化空间等。从文化遗产真实性保护与满足游客体验视角出发研究遗产景区空间环境优化，首先要界定出文化遗产空间环境的合理范围，选定该空间范围的原则是要确保在该空间范围内的地理事物具有与文化遗产本体真实性内涵较为密切的历史联系。在划定文化遗产空间环境范围的基础上进一步确定遗产景区空间环境的组成要素，通过分析遗产景区空间环境组成要素的真实性保护状况与相关游客体验，最终提出优化文化遗产景区空间环境的具体策略。

五是文化遗产景区游客管理是保护遗产真实性与提升游客体验的重要途径。文化遗产景区游客管理是由游客空间行为管理、游客容量管理、游客冲击管理以及游客安全管理所组成的有机整体。文化遗产景区游客管理是要通过对景区游客的管理，实现保护文化遗产资源与满足游客体验的平衡发展。其中，遗产资源保护是遗产景区游客管理的核心目标，而游客体验则是遗产景区游客管理的重要影响因素。文化遗产景区游客管理是由一系列管理内容组成的有机整体，遗产景区游客管理研究内容包括以下方面：游客空间行为管理研究（包括游客参观线路管理、游客服务设施空间设置、游客无障碍通道空间安排、游览交通路线指引）、游客容量管理、游客冲击管理（包括防止火灾、文物保护及环境塑造)、游客安全管理(包括游客人身安全及游客财产安全)。

六是世界遗产法律政策体系是由国际社会制定的遗产政策以及世界遗产所在国制定的遗产政策两个部分构成。对于世界文化遗产旅游政策的制定主要是以文化遗产真实性的保护为核心内容展开。目前我国的遗产保护法律体系尚不完善。随着人们对历史文化遗产的保护与利用的认识的不断深化和完善,国际组织、西方国家以及我国的历史遗产相关法律法规也在不断进步和完善。一系列遗产政策法规的出台体现了人们对历史文化遗产认识程度不断深化,同时也在世界范围内规范和约束着历史文化遗产的保护和利用工作。我们国家对历史文化遗产的法律及政策制定要晚于西方发达国家,新中国成立后我国逐渐开始了历史文化遗产政策体系的构建。目前我国的遗产保护法律体系尚不完善。在我国文化遗产立法工作中,要重视建立完善的遗产保护与利用的法规体系,既要针对遗产保护和管理综合问题制定具有较高法律效力的遗产综合法,又要有针对具体遗产资源保护与利用的专项法,从而使不同类型文化遗产的保护和利用有章可循、有法可依,消除保护和利用方面存在的立法空白。

9.2　研究展望

9.2.1　文化遗产旅游研究将会从深度和广度两个方面进行扩展

文化遗产旅游研究是由不同旅游发展要素研究组成的完整体系。本书所研究的文化遗产景区旅游空间环境优化、文化遗产景区游客体验、文化遗产景区游客管理以及文化遗产法律政策四个方面是文化遗产旅游研究体系中较为核心的内容。针对文化遗产旅游的研究将会从深度和广度两个方面进行扩展,更多的遗产旅游发展要素将会纳入学者的研究视野,例如文化遗产旅游对于城市形象塑造的作用机制研究。而对于每一个遗产旅游发展要素的研究也将会从更多更广泛的学科视角开展更加深入的研究。

9.2.2　城市文化遗产旅游研究将会与城市发展研究结合得更加紧密

城市文化遗产旅游的发展离不开其所在城市这一重要的发展背景,目前文化遗产保护与城市开发建设之间的矛盾日益凸显,已经有相当多的学者开始关注和研究二者之间的关系。未来城市文化遗产旅游研究的热点之一将是文化遗产保护利用与城市建设和谐发展的协同路径及模式研究。

9.2.3 城市文化遗产旅游研究将更加关注不同城市之间甚至不同国家之间的旅游联系

世界城市的政治、经济以及文化等诸多方面在国际社会中均处于核心地位，它是世界各个国家之间相互联系的枢纽，这就决定了世界城市各个方面的发展均离不开与其他地区或其他国家之间的联系。世界城市的文化遗产旅游也同样具有国际化的特质，未来针对世界城市文化遗产旅游的研究将着眼于更广阔的空间范围及更复杂的空间关系。

9.2.4 文化遗产政策体系将不断深化和完善

随着人们对文化遗产保护与利用认识的不断深化和完善，国际组织、西方国家以及我国的历史遗产相关法律法规也在不断进步和完善。一系列遗产政策法规的出台体现了人们对文化遗产认识程度的不断深化，同时也在世界范围内规范和约束着文化遗产的保护和利用工作，从而使全人类共同的文化遗产得以长久地留存和可持续地利用及发展。

中国对文化遗产法律及政策的制定要晚于西方发达国家，新中国成立后我国逐渐开始了文化遗产政策体系的构建。通过一系列遗产政策的颁布和实施，中国历史遗产的保护范围及类型在不断扩大：从文化遗产到自然遗产、从物质遗产到非物质遗产，随着保护对象的逐渐丰富，中国正在逐步形成遗产保护法律体系，持续推进中国文化遗产保护与利用工作的法制化进程。

参考文献

［1］白杨.旅游真实与游客[J].桂林旅游高等专科学校学报,2006,17(3)：772－776.

［2］保继刚,戴凡.旅游社会影响研究——以云南大理古城居民学英语态度为例[J].人文地理,1996,11(2)：37－41.

［3］蔡建明."世界城市"论说综述[J].国外城市规划,2001,6：32－36.

［4］蔡来兴,张广生,王战等.国际经济中心城市的崛起[M].上海：上海人民出版社,1995.

［5］曹霞,吴承照.国内外旅游目的地游客管理研究进展[J].北京第二外国语学院学报,2006(1)：23－31.

［6］陈享尔,李宏.时间、载体、体验倾向三种角度下的旅游真实性研究述评[J].北京第二外国语学院学报,2010,(1)：30－34.

［7］谌莉.旅游景区游客体验研究—以中山陵风景区为例[D].南京：南京师范大学,2003.

［8］寸瑞红.关于缓冲区及其管理的探讨[J].世界森林研究,2002,15(3)：74－80.

［9］瓦伦·L·史密斯.东道主与游客[C].张晓萍,何昌邑,译.昆明：云南大学出版社,2002.

［10］邓明艳,罗佳明.英国世界遗产保护利用与小区发展互动的启示[J].生态经济,2007,12：141－145.

［11］冯海燕.旅游区游客体验管理研究——以木里旅游区为例[D].成都：四川大学,2006.

［12］冯学钢,包浩生.旅游活动对风景区地被植物——土壤环境影响的初步研究[J].自然资源学报,1999,14(1)：75－78.

［13］符霞.国外旅游环境容量理论的发展历程[J].四川林勘设计,2006(2)：9－14.

［14］葛仁.武夷山自然保护区资源管理中社区参与机制的探讨[J].农村生态环境,2000,16(1)：47－52.

［15］顾朝林,张勤,蔡建明等.经济全球化与中国城市发展——跨世纪城市发展战略研究[M].北京：商务印书馆,1999.

［16］顾军,苑利.文化遗产报告——世界文化遗产保护运动的理论与实践[M].北京：社会科学文献出版社,2005.

［17］海德格尔.存在与时间[M].北京：三联书店,2000.

［18］韩静娴,徐云鹏.托夫勒"未来学"三部曲述评[J].科技情报开发与经济,2009,32：124－126.

［19］何方永.城市游客管理研究[D].成都：四川大学,2005.

［20］何方永.游客管理研究述评[J].湖南经济管理干部学院学报,2005(3)：64－65.

［21］何佳梅,许峰.论旅游经济利益的外力创造[J].经济地理,1999,19(2)：102-105.

［22］胡兆量.香港金融中心对建设国际城市的启示[J].城市发展研究,1996(6)：21-26.

［23］胡志毅,张兆干.社区参与和旅游业可持续发展[J].人文地理,2002,17(2)：38-41.

［24］霍尔.世界大城市[M].北京：中国建筑工业出版社,1982.

［25］蒋海萍,王燕华,李经龙.基于社区参与的古村落型遗产地旅游开发模式研究——以皖南古村落西递、宏村为例[J].华东经济管理,2009,23(8)：24-28.

［26］蒋昕,张军.黄鹤楼文化旅游的深度开发——基于文化遗产真实性的分析[J].湖北经济学院学报,2007,5(6)：124-128.

［27］焦怡雪.英国历史文化遗产保护中的民间团体[J].规划师,2002,5：79-83.

［28］李艾琳,杨文灿,杨昆霖.公园游憩环境监测与管理模式之研究——以垦丁公园为例[Z].台湾土地管理会议论文,1999,1-23.

［29］李创新,马耀峰,陈素景.遗产类城市都市旅游开发模式研究——以西安市为例[J].河北师范大学学报,2007,31(6)：818-827.

［30］李国平.世界城市格局演化与北京建设世界城市的基本定位[J].城市发展研究,2000(1)：12-16.

［31］李立勋,许学强.广州建设国际城市的初步思考[J].经济地理,1995(2)：23-26.

［32］李娜.旅游景区游客管理研究[D].北京：北京第二外国语学院,2008.

［33］李如生,郭旃,谢凝高,魏小安,张宝.中国旅游发展笔谈[J].旅游学刊,2002(6)：5-9.

［34］李欣华,杨兆萍,刘旭玲.历史文化名村的旅游保护与开发模式研究——以吐鲁番吐峪沟麻扎村为例[J].干旱区地理,2004(6)：32-40.

［35］李旭东,张金岭.旅游真实性理论及其应用[J].陕西理工学院学报,2007,25(4)：51-54.

［36］李旭东.民族旅游的真实性探讨[J].桂林旅游高等专科学校学报,2008,19(1)：51-54.

［37］李燕琴.生态旅游游客行为与游客管理研究[M].北京：旅游教育出版社,2006.

［38］梁学成.对世界遗产的旅游价值分析与开发模式研究[J].旅游学刊,2006,21(6)：16-22.

［39］梁学成.多元化旅游产品：文化遗产资源开发的必然选择[J].旅游学刊,2010,25(5)：9-10.

［40］梁彦明.基于游客体验的旅游产品设计[J].江苏商论,2005(5)：71-73.

［41］廖仁静,李倩,张捷,卢韶婧,祁秋寅.都市历史街区真实性的游憩者感知研究——以南京夫子庙为例[J].旅游学刊,2009,24(1)：55-60.

［42］刘德谦.古镇保护与旅游利用的良性互动[J].旅游学刊,2005,20(2)：47-53.

［43］刘沛林.生态博物馆理念及其在少数民族社区景观保护中的作用——以贵州梭嘎生态博物馆为例[J].长江流域资源与环境,2005,14(2)：254-257.

［44］刘向阳.西方服务质量理论的发展分析及其启示[J].科技进步与对策.2003(8)：176-178.

［45］刘旭玲,杨兆萍,谢婷.生态博物馆理念在民族文化旅游地开发中的应用——以喀纳斯禾木图瓦村为例[J].干旱区地理学,2005,3：414-418.

[46] 刘亚峰,焦黎.旅游景区游客管理探讨[J].新疆师范大学学报,2006,25(3):259-262.

[47] 刘正江.文化旅游的文化真实性及其被影响因素[J].中共成都市委党校学报,2008(3):65-67.

[48] 罗佳明.遗产旅游的发展向度:遗产地精神与体验旅游的融合[J].旅游学刊,2010,25(5):6-7.

[49] 罗家明.中国世界遗产管理体系研究[M].上海:复旦大学出版社,2004.

[50] 罗艳菊.森林游憩区游憩冲击感知与游客体验之间的关系研究——以张家界国家森林公园为例[D].长沙:中南林业科技大学,2006.

[51] 马晓京.国外民族文化遗产旅游原真性问题研究述评[J].广西民族研究,2006(3):185-191.

[52] 宁越敏.新的国际劳动分工、世界城市和我国中心城市发展[J].城市问题,1991(3):2-7.

[53] 潘秋玲.旅游开发对语言文化景观的影响效应研究——以西安为例[J].旅游学刊,2005,20(6):19-24.

[54] 潘秋玲,李九全.社区参与和旅游社区一体化研究[J].人文地理,2002,17(4):38-41.

[55] 彭建东,陈怡.历史街区的保护与开发模式研究——以景德镇三间庙历史街区保护开发规划为例[J].武汉大学学报,2003,36(6):132-137.

[56] 阮仪三,严国泰.历史名城资源的合理利用与旅游发展[J].城市规划,2003,27(4):48-51.

[57] 苏勤.旅游者类型及其体验质量研究—以周庄为例[J].地理科学,2004,24(4):507-511.

[58] 苏勤,林炳耀.基于文化地理学对历史文化名城保护的思考[J].城市规划汇刊,2003(3):38-42.

[59] 孙艺惠,陈田,张萌.乡村景观遗产地保护性旅游开发模式研究——以浙江龙门古镇为例[J].地理科学,2009,29(6):840-845.

[60] 陶伟.中国世界遗产地的旅游研究进展[J].城市规划汇刊,2002(3):54-56.

[61] 陶伟.中国世界遗产的可持续旅游发展研究[M].北京:中国旅游出版社,2001.

[62] 田宏.基于旅游环境承载力的大富庵旅游地开发研究[D].北京:北京林业大学,2007.

[63] 田美蓉,保继刚.游客对歌舞旅游产品真实性评判研究——以西双版纳傣族歌舞为例[J].桂林旅游高等专科学校学报,2005,16(1):12-18.

[64] 王浩,叶文,薛熙明.遗产视角下的元阳哈尼梯田旅游开发——基于国内外梯田旅游发展模式的研究[J].旅游研究,2009,1(3):23-26.

[65] 王红,胡世荣.镇远古城意象空间与旅游规划探讨[J].地域研究与开发,2007,26(3):62-64.

[66] 王辉.沿海城市旅游环境承载力研究——大连市为例[D].大连:大连海事大学,2006.

[67] 王宁.旅游、现代性与"好恶交织"——旅游社会学的理论探讨[J].社会学研究,1999(6):93-102.

[68] 王文君,高林.饭店服务质量测量方法研究综述[J].旅游学刊,2008,23(3)：90－96.

[69] 王晓晓,张朝枝.遗产旅游真实性理解差异与遗产地管理[J].旅游科学,2007,21(1)：13－16.

[70] 王艳平.非物质文化遗产旅游性质的认识路径[J].旅游科学,2009(2)：53－56.

[71] 王艳平.遗产旅游管理[M].武汉：武汉大学出版社,2008.

[72] 王咏,房国坤,陆林.国内外遗产旅游地管理体制研究进展[J].旅游资源,2007,23(5)：463－465.

[73] 王云才,郭焕成,杨丽.北京市郊区传统村落价值评价及可持续利用模式探讨——以北京市门头沟区传统村落的调查研究为例[J].地理科学,2006,26(6)：735－742.

[74] 魏峰群.历史文化名城旅游开发研究[D].西安：西北大学,2003.

[75] 魏峰群.旅游体验管理在旅游业经营实践中的影响[J].长安大学学报,2006,9(3)：22－25.

[76] 吴必虎,李咪咪,黄国平.中国世界遗产地保护与旅游需求关系[J].地理研究,2002,21(5)：617－625.

[77] 吴必虎.区域旅游规划原理[M].北京：中国旅游出版社,2001.

[78] 伍海琳.论旅游体验[J].旅游经济,2006(1)：166－167.

[79] 武艺,吴小根.试论 LAC 理论在国家地质公园规划管理中的应用[J].江西师范大学学报(自然科学版),2004,28(6)：544－548.

[80] 奚文沁,周俭.巴黎历史城区保护的类型与方式,国外城市规划[J].2004(5)：62－67.

[81] 谢朝武,郑向敏.关于文化遗产旅游研究的若干思考[J].桂林旅游高等专科学校学报,2003,14(2)：27－31.

[82] 谢彦君.旅游的本质及其认识方法——从学科自觉的角度看[J].旅游学刊.2010,25(1)：26－31.

[83] 谢彦君.旅游体验研究[D].大连：东北财经大学,2005.

[84] 谢彦君.基础旅游学第二版[M].北京：中国旅游出版社,2004.

[85] 徐赣力.发展民俗旅游与保护民族文化[J].桂林旅游高等专科学校学报,2000,11(3)：46－48.

[86] 徐嵩龄.论碧峰峡旅游开发模式的意义[J].四川师范大学学报,2005(1)：41－47.

[87] 徐嵩龄.评关于"可持续遗产旅游管理"的一对提法[J].旅游学刊,2008,23(12)：11－12.

[88] 徐嵩龄.遗产原真性.旅游者价值观偏好.遗产旅游原真性[J].旅游学刊,2008,23(4)：35－42.

[89] 许春晓.旅游规划产品设计"双筛法"研究[J].旅游学刊,2003,18(1)：21－30.

[90] 许纯玲,李志飞.旅游安全实务[M].北京：科学出版社,2000.

[91] 薛群慧.民俗旅游村：活态文化保护与开发的一种载体[J].思想战线,2007,33(3)：37－41.

[92] 严国泰.名城旅游发展创新理念的辩证思维[J].城市规划汇刊,2002,5：74－76.

[93] 杨锐.从旅游环境容量到 LAC 理论——环境容量概念的新发展[J].旅游学刊,2003,18

(5)：62－65.

［94］杨锐.风景区环境容量初探——建立风景区环境容量概念体系［J］.城市规划汇刊,1996
(6)：12－15.

［95］杨振之.前台、帷幕、后台——民族文化保护与旅游开发的新模式探索［J］.民族研究,
2006(2)：39－46.

［96］于广志,蒋志刚.自然保护区的缓冲区：模式、功能及规划原则［J］.生物多样性,2003,11
(3)：256－261.

［97］余超.国内外游客安全管理研究进展［J］.资源开发与市场,2010,26(1)：88－90.

［98］余向洋,朱国兴,邱慧.旅游者体验及其研究方法述评［J］.旅游学刊,2006,21(10)：
91－96.

［99］袁南果,杨锐.国家公园现行游客管理模式的比较研究［J］.中国园林,2005(7)：27－30.

［100］约翰·斯沃布鲁克,苏珊·霍纳.旅游消费者行为学［M］.北京：电子工业出版社,2004.

［101］张波.论旅游对接待地社会文化的积极影响——以云南丽江为例［J］.云南民族大学学
报(哲学社会科学版),2004,20(4)：68－71.

［102］张朝枝.旅游与遗产保护——基于案例的理论研究［M］.天津：南开大学出版社,2008.

［103］张朝枝.文化遗产与旅游开发：在二元冲突中前行［J］.旅游学刊,2010,25(4)：7－8.

［104］张朝枝.原真性理解：旅游与遗产保护视角的演变与差异［J］.旅游科学,2008,22(1)：
1－8.

［105］张成杰.旅游景区游客体验价值评价研究［D］.广州：暨南大学,2006.

［106］张成渝.国内外世界遗产原真性与完整性研究综述［J］.遗产保护理论,2010(4)：
30－37.

［107］张成渝,谢凝高."真实性和完整性"原则与世界遗产保护［J］.北京大学学报(哲学社会
科学版),2003,40(2)：62－68.

［108］张宏梅.文化学习与体验：文化遗产旅游者的核心诉求［J］.旅游学刊,2010,25(4)：10.

［109］张建明.再谈建立国际大都市［J］.城市问题,1996(5)：16－20.

［110］张杰,何仲俞,徐碧颖.英国建筑遗产保护的立法与管理［J］.北京规划建设,2008(5)：
161－164.

［111］张金山.世界城市视角下的北京旅游建设研究［J］.旅游学刊,2013,28(11)：42－49.

［112］张薇,方相林,张晓燕.世界文化遗产地殷墟旅游可持续吸引力提升研究——基于旅游
产品原真性开发的新视角［J］.北京第二外国语学院学报,2009(5)：60－66.

［113］赵美英.生态文化理念与我国古城旅游的可持续发展研究［J］.生产力研究,2005(2)：
141－143.

［114］赵美英,徐邓耀.BOT投资方式及对我国古城旅游开发模式创新的启示［J］.生态经济,
2005(2)：91－93.

［115］赵晓宇.论我国世界遗产地周边环境资源开发中存在的问题及对策［D］.成都：四川大
学,2006.

［116］周伟伟.世界遗产地游客体验满意度研究——以龙门石窟为例［D］.郑州：河南大

学,2011.

[117] 张倩.历史文化遗产资源周边建筑环境的保护与规划设计研究[D].西安：西安建筑科技大学,2011.

[118] 宗晓莲,甘万莲.文化人类学研究与旅游规划[J].思想战线,2004,30(1)：120－124.

[119] 宗晓莲.西方旅游人类学研究述评[J].民族研究,2001(3)：85－94.

[120] 邹统钎,陈芸,胡晓晨.探险旅游安全管理研究进展[J].旅游学刊,2009,24(1)：87－93.

[121] 邹益民,董艳琳.基于游客体验的家庭旅馆经营策略研究[J].桂林旅游高等专科学校学报,2006,17(2)：191－196.

[122] Absher J D. Customer service measures for national forest recreation[J]. Journal of Park and Recreation Administratio, 1998, 16(3)：31－42.

[123] Shetawy A A A, Khateeb S M E. The pyramids plateau：a dream searching for survival[J]. Tourism Management, 2009, 30(6)：819－827.

[124] Akama J S, Kieti D M. Measuring tourist satisfaction with Kenya's wildlife safari：a case study of Tsavo West National Park[J]. Tourism Management, 2003, 24(1)：73－81.

[125] Alldredge R B. Some capacity theory for parks and recreation areas[J]. Trends, 1973 (10)：20－30.

[126] Alles P, Esparza A, Lucas S. Telecommunications and the large city-small city divide：evidence from Indiana cities. Professional Geographer, 1994, 46(3)：307－316.

[127] Apostolakis A. The convergence process in heritage tourism[J]. Annals of Tourism Research, 2003, 30(4)：795－812.

[128] Armstrong R W. The importance of cross-cultural expectations in the measurement of service quality perceptions in the hotel industry[J]. International Journal of Hospitality Management, 1997, 16(2)：181－190.

[129] Asplet M, Cooper M. Cultural designs in New Zealand souvenir clothing：the question of authenticity[J]. Tourism Management, 2000, 21(3)：307－312.

[130] Balcar M J, Pearce D G. Heritage tourism on the west coast of New Zealand[J]. Tourism Management, 1996, 17(3)：203－212.

[131] Baudrillard J. Simulacra and simulations from Jean Baudrillard：selected writings[M]. Stanford：Stanford University Press, 1988.

[132] Beaverstock J V, Smith R G, Taylor P J. A roster of world cities[J]. Cities, 1999, 16(6)：445－458.

[133] Belhassen Y. The search for authenticity in the pilgrim experience[J]. Annals of Tourism Research, 2008, 35(3)：668－689.

[134] Berger P L. Sincerity and authenticity in modern society[M]. Lodon：Public Interest, 1973 (31)：81－90.

[135] Bill B. User satisfaction and product development in urban tourism[J]. Tourism

Management, 1998, 19(1): 35 - 47.

[136] Bojanic D C, Rosen L D. Measuring service quality in restaurants: an application of the SERVQUAL instrument[J]. Hospitality Research Journal, 1994, 18(1): 3 - 14.

[137] Bolton R N, Drew J H. A multistage model of customers' assessments of service quality and value[J]. Journal of consumer research, 1991, 17(4): 375 - 384.

[138] Boorstin D J. The image: a guide to pseudo-events in America[M]. New York: Atheneum, 1964.

[139] Borg J V D, Costa P, Gotti G. Tourism in European heritage cities[J]. Annals of Tourism Research, 1996, 23(2): 306 - 321.

[140] Boris V, Dragan T. Tourism and urban revitalization: a case study of Pore, Yugoslavia [J]. Annals of Tourism Research, 1984, 11(4): 595 - 605.

[141] Borrie W T, Roggenbuck J W, Hull R B. The Problem of verbal reports in recreation research: review, recommendations, and new directions[J]. Tourism Analysis, 1998 (2): 175 - 183.

[142] Garrod B, Fyall A. Managing heritage tourism[J]. Annals of Tourism Research, 2000, 27(3): 682 - 708.

[143] Briassoulis B H, Straaten J V D. Tourism and the environment: regional, economic, cultural and policy issues [M]. The Netherland: Kluwer Academic Publishers, Dordecht, 2000.

[144] Broadhurst R. Managing environments for leisure and recreation[M]. New York: Rouledge, 2001.

[145] Bruner E M. Abraham Lincoln as authentic reproduction: a critique of postmodernism [J]. American Anthropologist, 1994, 96(2): 397 - 415.

[146] Buck R C. Boundary maintenance revisited: tourist experience in an Old Order Amish community[J]. Rural Sociology, 1978, 43(2): 221 - 234.

[147] Burger C J S C, Kathrada M, Law R. A practitioners guide to time-series methods for tourism demand forecasting — a case study of Durban, South Africa[J]. Tourism Management, 2001, 22(4): 403 - 409.

[148] Burns R C. Methodological issues associated with customer satisfaction measurement and market segmentation at water-based recreation areas [D]. Pennsylvania: Ph. D thesis of The Pennsylvania State University, 2000.

[149] Steiner C J. Understanding existential authenticity[J]. Annals of Tourism Research, 2006, 33(2): 299 - 318.

[150] Castells M. The rise of the network society[M]. Oxford: Black-well, 1996.

[151] Chang T C. "New Asia Singapore": communication local cultures through global tourism[J]. Geoforum, 1999, 30(2): 101 - 115.

[152] Chetria P, Arrowsmitha C, Jacksonb M. Determining hiking experiences in nature-

based tourist destinations[J]. Tourism Management, 2004, 25(1): 31 - 43.

[153] Chhabra D, Healy R, Sills E. Staged authenticity and heritage tourism[J]. Annals of Tourism Research, 2003, 30(3): 702 - 719.

[154] Chhabra D. Proposing a sustainable marketing framework for heritage tourism[J]. Journal of Sustainable Tourism, 2009, 17(3): 303 - 320.

[155] Churchill G A T, Surprenant C. An investigation into the determinants of customer satisfaction[J]. Journal of Marketing Research, 1982, 19(4): 491 - 504.

[156] Cohen E. A phenomenology of tourist experiences[J]. The Journal of the British Sociological Association, 1979, 13(2): 179 - 201.

[157] Cohen E. Authenticity and commoditization in tourism [J]. Annals of Tourism Research, 1988, 15(3): 371—386.

[158] Cohen E. Rethinking the sociology of tourism[J]. Annals of Tourism Research, 1979, 6(1): 18 - 35.

[159] Cohen E. Traditions in the qualitative sociology of tourism[J]. Annals of Tourism Research. 1988, 15(1): 29 - 46.

[160] Cold D N, Spildie D R. Hiker, horse and llama trampling effects on native vegetation in Montana, USA[J]. Journal of Environmental Management, 1998, 53(1): 61 - 71.

[161] Cole D, Stankey N, George H. Historical development of limits of acceptable change: conceptual clarifications and possible extensions [C]. VS: Missoula, MT, 1997.

[162] Cronin J J, Taylor S A. Measuring service quality: a reexamination and extension[J], Journal of Marketing, 1992, 56(3): 55 - 68.

[163] Csikzentmihalyi M, Larson R, Prescott S. The ecology of adolescent activity and experience[J]. Journal of Youth Adolescent, 1977, 6(3): 281 - 294.

[164] Culler J. Semiotics of tourism[J]. The American Journal of Semiotics, 1981, 1(12): 127 - 140.

[165] Dale T D. Trampling effect s of hikers, motorcycles and horses in meadows and forests [J]. Journal of Applied Ecology, 1978, 15(2): 451 - 457.

[166] Herbert D. Literary places, tourism and the heritage experience. Annals of Tourism Research, 2001, 28(2): 312 - 333.

[167] Chhabra D, Healy R, Sills E. Staged authenticity and heritage tourism[J]. Annals of Tourism Research, 2003, 30(3): 702 - 719.

[168] Demos E. Concern for safety: a potential problem in the tourist industry[J]. Journal of Travel and Tourism Marketing, 1992, 1(1): 81 - 88.

[169] Deroanne-Bauvin J, Delcarte E, Impens R. Monitoring lead deposition near highways: a ten year study[J]. Science of the Total Environment, 1987, 59: 257 - 266.

[170] Eagles P F J, McCool S F, Haynes C D. Sustainable tourism in protected areas: guidelines for planning and management[M]. Lodon: Phanet Press, 2002.

［171］ Ec, U. Travels in hyperreality[M]. San Diego: Harcourt Brace, 1986.

［172］ Ehrentraut A. Heritage authenticity and domestic tourism in japan[J]. Annals of Tourism Research, 1993, 20(2): 262 – 278.

［173］ Sautter E T, Leisen B. Managing stakeholders a tourism planning model[J]. Annals of Tourism Research, 1999, 26(2): 312 – 328.

［174］ Laws E. Conceptualizing visitor satisfaction management in heritage setting: an exploratory blueprinting analysis of Leeds Castle, Kent[J]. Tourism Management, 1998, 19(6): 545 – 554.

［175］ Fawcett C, Cormack P. Guarding authenticity at literary tourism sites[J]. Annals of Tourism Research, 2001, 28(3): 686 – 704.

［176］ Simón F J G, Narangajavana Y, Marqués D P. Carrying capacity in the tourism industry: a case study of Hengistbury Head[J]. Tourism Management, 2004, 25(2): 275 – 283.

［177］ Fornell C. A national customer satisfaction barometer: the Swedish experience[J]. Journal of Marketing, 1992, 56(1): 6 – 21.

［178］ Fred P B, Craig A P, Claire M. Managing tourism growth[M]. Washington D. C.: Island Press. 1999.

［179］ Freeman R E. Strategic management: a stakeholder approach [M]. Boston: Pitman, 1984.

［180］ Friedmann J, Wolff G. World city formation: an agenda for research and action[J]. International Journal of Urban and Regional Research, 1982, 6(3): 309 – 344.

［181］ Friedmann J. The world city hypothesis[J]. Development and Change, 1986, 17(1): 69 – 83.

［182］ Fyall A, Garrod B. Heritage tourism: at what price? [J]. Managing Leisure, 1998, 3(4): 213 – 228.

［183］ Garrod B, Fyall A. Heritage tourism: a question of definition[J]. Annals of Tourism Resaerch, 2001, 28(4): 1049 – 1052.

［184］ Geva A, Goldman A. Satisfaction measurement in guided tours[J]. Annals of Tourism Research, 1991, 18(2): 177 – 185.

［185］ Gibson C C, Marks S A. Transforming rural hunters into conservationists: an assessment of community-based wildlife management programs in Africa[J]. World Development, 1995, 23(6): 941 – 957.

［186］ Gillespie A, Williams H. Telecommunications and the reconstruction of regional comparative advantage[J]. Environment and Planning, 1988, 20: 1311 – 1321.

［187］ Glaeser E L, Kolko J, Saiz A. Consumer city[J]. Journal of Economic Geography, 2001, 1(1): 27 – 50.

［188］ Go F M, Lee R M, Russo A P. E-heritage in the globalizing society: enabling cross-cultural engagement through ICT[J]. Information Technology & Tourism, 2003, 6(1): 55 - 68.

[189] Graefe A R, Vaske J J. A framework for managing quality in the tourist experience[J]. Anllals of Tourism Researeh, 1987, 14(3): 390 - 404.

[190] Halewood C, Hannam K. Viking heritage tourism: authenticity and commodification. Annals of Tourism Research, 2001, 28(3): 565 - 580.

[191] Handler R, Saxton W. Dyssimulation: reflexivity, narrative, and the quest for authenticity in "living history"[J]. Cultural Anthropology, 1988, 3(3): 242 - 260.

[192] Hanski I. Distributional ecology of anthropochorous plants in villages surrounded by forest. Annales Botanici Fennici, 1982, 19: 1 - 15.

[193] Harvey D. A brief history of neoliberalism [M]. Oxford: Oxford University Press, 2005.

[194] Heberlein T, Shelby B. Carrying capacity, values, and the satisfaction model: A reply to greist[J]. Journal of Leisure Research, 1977, 9(2): 142 - 148.

[195] Hewison R. The heritage industry: britain in a climate of decline[M]. London: Methuen, 1987.

[196] Hough J L. Obstacles to effective management of conflicts between national parks and surrounding human communities in developing countries [J]. Environmental Conservation, 1988, 15(2): 129 - 136.

[197] Howat G, Absher J D, Crilley G, Mine I. Measuring customer service quality in sports and leisure centers[J]. Managing Leisure, 1996, 1(2): 77 - 89.

[198] Hughes G. Authenticity in tourism[J]. Annals of Tourism Research, 1995, 22(4): 781 - 803.

[199] Hunt K S, Scott D, Richardson S. Positioning public recreation and park offerings using importance-performance analysis [J]. Journal of Park and Recreation Admininistration. 2003, 21(3): 1 - 21.

[200] ICOMOS. International Charter for the Conservation and Restoration of Monuments and Sites (The Venice Charter) [Z]. 2nd International Congress of Architects and Technicians of Historic Monuments Venice. 1964. (中文版见: 国家文物局法制处. 国际保护文化遗产法律文件选编[M]. 北京: 紫禁城出版社. 1993. 162 - 165.)

[201] Taylor J P. Authenticity and sincerity in tourism[J]. Annals of Tourism Research, 2001, 28(1): 7 - 26.

[202] Joseph O, Harding D M. Visitor characteristics and attitudes towards Kibale National Park, Uganda[J]. Tourism Management, 1996, 17(7): 495 - 505.

[203] Kim N. Structural approach of social carrying capacity and GIS application [D]. Philadelphia: The Pennsylvania State University, 1997.

[204] Lanvin B. Trading in a new world order: the impact of telecommunications and data

services on international trade in services[M]. Boulder: Westview press, 1993.

[205] Lapage W F. Some sociological aspect of forest recreation[J]. Journal of Forestry, 1963, 61(1): 32-36.

[206] Laura T. A new era for biosphere reserves[J]. BioScience, 1988, 38: 148-155.

[207] Lawson S R, Manning R E, Valliere W A. Proactive monitoring and adaptive management of social carrying capacity in Arches National Park: an application of computer simulation modeling [J]. Journal of Environmental Management, 2003, 68(3): 305-313.

[208] Li M, Wu B H, Cai L P. Tourism development of world heritage sites in China: A geographic perspective[J]. Tourism Management, 2008, 29(2): 308-319.

[209] Li W J, Wang Z J, Tang H X. Designing the buffer zone of a nature reserve: a case study in Yancheng Biosphere Reserve, China [J]. Biological Conservation, 1999, 90(3): 159-165.

[210] Araujo L M D, Bramwell B. Partnership and regional tourism in Brazil[J]. Annals of Tourism Research, 2002, 29(4): 1138-1164.

[211] Littrell M A, Anderson L F, Brown P J. What makes a craft souvenir authentic? [J]. Annals of Tourism Research, 1993, 20(1): 197-215.

[212] Lovelock B. New Zealand travel agent practice in the provision of advice for travel to risky destinations [J]. Journal of Travel and Tourism Marketing, 2003, 15 (4): 259-279.

[213] Lowenthal D. The past is a foreign country[M]. Cambridge: Cambridge University Press, 1985.

[214] MacCannell D. Staged authenticity: arrangements of social space in tourist settings[J]. American Journal of Sociology, 1973, 79(3): 589-602.

[215] Mackay K J, Crompton J L. A conceptual model of consumer evaluation of recreation service quality[J]. Leisure Studies, 1988, 7(1): 41-49.

[216] Maitland R. How can we manage the tourist-historic city? Tourism strategy in Cambridge, UK, 1978-2003[J]. Tourism Management, 2006, (27): 1262-1273.

[217] Manfredo M J, Driver B J, Brown P J. A test of concepts inherent in experience based setting management for outdoor recreation areas[J]. Journal of Leisure Study, 1983, 15(3): 263-283.

[218] Chaudhary M. India's image as a tourist destination: a perspective of foreign tourists [J]. Tourism Management, 2000, 21(3): 293-297.

[219] Manmng R E. Studies in outdoor recreation: search and research for satisfaction[M]. Corvallis: Orgon State University Press, 1999.

[220] Marcjanna M. Performance of tourism partnerships: a focus on York[J]. Tourism Management, 2000, 21(4): 341-351.

[221] Markwell S M, Bennett A N R. The changing market for heritage tourism: a case study of visits to historic houses in England[J]. International Journal of Heritage Studies, 1997, 3(2): 95 – 108.

[222] Martilla J A, James J C. Importance-performance analysis[J]. Journal of Marketing, 1977, 41(1): 77 – 79.

[223] Martin O. First-time and repeat visitors to New Zealand[J]. Tourism Management, 1997, 18(3): 177 – 181.

[224] Mawby R I. Tourists' perceptions of security: the risk-fear paradox[J]. Tourism Economics, 2000, 6(2): 109 – 121.

[225] McColl-Kennedy J R, White T. Service provider training programs at odds with customer requirements in five-star hotels[J]. The Journal of Service Marketing, 1997, 11(4): 249 – 264.

[226] McGregor A. Dynamic texts and tourist gaze: death, bones and buffalo[J]. Annals of Tourism Research, 2000, 27(1): 27 – 50.

[227] McIntosh A J, Prentice R C. Affirming authenticity consuming cultural heritage. Annals of Tourism Research, 1999, 26(3): 589 – 612.

[228] Hall C M. Trends in ocean and coastal tourism: the end of the last frontier? [J]. Ocean & Coastal Management, 2001, 44(9 – 10): 601 – 618.

[229] Mieczkowski Z. Environmental issues of tourism and recreation[M]. Lanham: Press of America, 1995.

[230] Moscardo G. Mindful visitors: heritage and tourism[J]. Annals of Tourism Research, 1996, 23(2): 376 – 397.

[231] Moss M L. Telecommunications, world cities and urban policy[J]. Urban Studies, 1987, 24(6): 534 – 546.

[232] Murphy P E, Pritchard M P. Destination price-value perceptions: an examination of origin and seasonal influences[J]. Journal of Travel Research, 1997, 35(3): 16 – 22.

[233] Nell C. An exploratory study of gendered differences in young tourists perception of danger within London[J]. Tourism Management, 2001, 22(5): 565 – 570.

[234] Neumann M. The trail through experience: finding self in the recollection of travel[M]. London: Sage, 1992.

[235] Noam S, Adi R. Categorization of tourist attractions and the modeling of tourist cities: based on the co-plot method of multivariate analysis[J]. Tourism Management, 2004, 25(6): 741 – 750.

[236] Oberoi U, Hales C. Assessing the quality of the conference hotel service product: towards an empirical based model[J]. The Service Industries Journal, 1990, 10(4): 700 – 721.

[237] Ondimu K I. Cultural tourism in Kenya[J]. Annals of Tourism Research, 2002,

29(4): 1036 - 1047.

[238] Orbasli A. Tourists in historic towns: urban conservation and heritage management [M]. London: Taylor & Francis, 2002.

[239] Page S J, Bentley T, Walker L. Scoping the nature and extent of adventure tourism operations in Scotland: how safe are they? [J]. Tourism Management, 2005, 26(3): 381 - 397.

[240] Pearce P L, Moscardo G M. The concept of authenticity in tourist experiences[J]. Journal of Sociology, 1986, 22 (1): 121 - 132.

[241] Petrick J F, Morais D D, Norman W C. An examination of the determinants of entertainment vacationers' intentions to revisit[J]. Journal of Travel Research, 2001, 40(1): 41 - 48.

[242] Plog S C. Psychographic positions of destinations[M]. New York: CBI Publishing, 1974.

[243] Poria Y, Butler R, Airey D. The core of heritage tourism[J]. Annals of Tourism Research, 2003, 30(1): 238 - 254.

[244] Poria Y, Butler R, Airey D. Clarifying heritage tourism[J]. Annals of Tourism Research, 2001, 28(4): 1047 - 1049.

[245] Prentice R. Tourism and heritage attractions[M]. London: Routledge, 1993.

[246] Bolton R N, Drew J H. A multistage model of customers' assessments of service quality and value[J]. Journal of Consumer Research, 1991, 17(4): 375 - 384.

[247] Redfoot D L. Touristic authenticity, touristic angst, and modern reality[J]. Qualitative Sociology, 1984, 7(4): 291 - 309.

[248] Reid W V, Miller K R. Keeping options alive: the scientific basis for conserving biodiversity[R]. Washington, D. C.: World Resources Institute, 1989.

[249] Reisinger Y. Reconceptualizing object authenticity[J]. Annals of Tourism Research, 2006, 33(1): 65 - 86.

[250] Revilla G, Dodd T H. Authenticity perceptions of Talavera pottery[J]. Journal of Travel Research, 2003, 42(1): 94 - 99.

[251] Richard G. Tourist's perceptions of safety and security while visiting Cape Town[J]. Tourism Management, 2003, 24(5): 575 - 585.

[252] Russo A P. The "vicious circle" of tourism development in heritage cities[J]. Annals of Tourism Research, 2002, 29(1): 165 - 182.

[253] Kim H, Jamal T. Touristic quest for existential authenticity[J]. Annals of Tourism Research, 2007, 34(1): 181 - 201.

[254] Kim S S, Lee C K, Klenosky D B. The influence of push and pull factors at Korean national parks[J]. Tourism Management, 2003, 24(2): 169 - 180.

[255] Carey S, Gountas Y. Tour operators and destination sustainability [J]. Tourism

Management, 1997, 18(7): 425 – 431.

[256] Sassen S. The global city: New York, London, Tokyo[M]. Princeton: Princeton university press, 1991.

[257] Sassen S J. Cities in a world economy[M]. London: Pine Forge press. 1994.

[258] Churchill G A, Surprenant C. An investigation into the determinants of customer satisfaction[J]. Journal of Marketing Research, 1982, 19(4): 491 – 504.

[259] Sayer J. Rainforest buffer zones: guidelines for protected area managers[M]. Gland: International Union for Conservation of Nature and Natural Resources, 1991.

[260] Selwyn T. The tourist image: myths and myth making in tourism[M]. Chichester: John Wiley & Sons, 1996.

[261] Shelford V E. The preservation of natural biotic communities[J]. Ecology, 1933, 14: 240 – 245.

[262] Shelford V E. List of reserves that may serve as nature sanctuaries of national and international importance, in Canada, the United States, and Mexico[J]. Ecology, 1941, 22: 100 – 107.

[263] Shepherd R. Commodification, culture and tourism[J]. Tourist Studies, 2002, 2(2): 183 – 201.

[264] Shyamsundar P. Constraints on socio-buffering around the Mantadia National Park in Madagascar[J]. Environmental Conservation, 1996, 23(1): 67 – 73.

[265] Silver I. Marketing authenticity in third world countries [J]. Annals of Tourism Research, 1993, 20(2): 302 – 318.

[266] Simon D. The world city hypothesis: reflections from the periphery[M]. Cambridge: Cambridge university press, 1995.

[267] Stamps J A, Robblee M B, Krishnan V V. The effect of edge permeability and habitat geometry on emigration from patches of habitat[J]. American Naturalist, 1987, 129 (4): 533 – 552.

[268] Stankey G. Visitor perception of wilderness recreation carrying capacity [R]. USDA Forest Service Research Paper INT-142, 1973.

[269] Litvin S W, Ling S N S. The destination attribute management model: an empirical application to Bintan, Indonesia[J]. Tourism Management, 2001, 22(5): 481 – 492.

[270] Taylor J P. Authenticity and sincerity in tourism[J]. Annals of Tourism Research, 2001, 28(1): 7 – 26.

[271] Thrift N. The geography of international economic disorder[M]. Oxford: Blackwell, 1989.

[272] Bentley T A, Cater C, Page S J. Adventure and ecotourism safety in Qeensland: operator experiences and practice[J]. Tourism Management, 2010, 31(5): 563 – 571.

[273] Kolar T, Zabkar V. A consumer-based model of authenticity: an oxymoron or the

foundation of cultural heritage marketing? [J]. Tourism Management, 2010, 31(5): 652 - 664.

[274] Prato T. Modeling carrying capacity for national parks[J]. Ecological Economics, 2001. 39(3): 321 - 331.

[275] Tosun C. Challenges of sustainable tourism development in the developing world: the case of Turkey[J]. Tourism Management, 2001, 22(3): 289 - 303.

[276] Tosun C. Roots of unsustainable tourism development at the local level: the case of Urgup in Turkey[J]. Tourism Management, 1998, 19(6): 595 - 610.

[277] Trilling L. Sincerity and authenticity[M]. London: Oxford University Press, 1972.

[278] Turner C, Manning P. Placing authenticity — on being a tourist: a reply to Pearce and Moscardo[J]. Australia and New Zealand Journal of Sociology, 1988, 24 (1): 136 - 139.

[279] Turner L, Ash J. The golden hordes: international tourism and the pleasure periphery [M]. New York: St. Martins' Press, 1976.

[280] Batisse M. Action plan for biosphere reserves[J]. Environmental Conservation, 1985, 12(1): 17 - 27.

[281] Vandergeest P. Property rights in protected areas: obstacles to community involvement as a solution in Thailand[J]. Environmental Conservation, 1996, 23(3): 259 - 268.

[282] Vujakovic P. Monitoring extensive buffer zones in Africa: an application for satellite imagery[J]. Biological Conservation, 1987, 39(3): 195 - 208.

[283] Wagar A J. The carrying capacity of wild lands for recreation[M]. Washington D. C.: Society of American Foresters, 1964.

[284] Waitt G. Consuming heritage perceived historical authenticity[J]. Annals of Tourism Research, 2000, 27(4): 835 - 862.

[285] Waller J, Lea S E G. Seeking the real Spain? Authenticity in motivation[J]. Annals of Tourism Research, 1998, 25(4): 110 - 129.

[286] Wang N. Rethinking authenticity in tourism experience [J]. Annals of Tourism Research, 1999, 26(2): 349 - 370.

[287] Wang N. Tourism and modernity: a sociological analysis [M]. New York: Pergamon, 2000.

[288] Wang Y, Bramwell B. Heritage protection and tourism development priorities in Hangzhou, China: A political economy and governance perspective [J]. Tourism Management, 2012, 33(4): 988 - 998.

[289] Watson G L, Kopachevsky J P. Interpretations of tourism as commodity[J]. Annals of Tourism Research, 1994, 21(3): 643 - 660.

[290] Wells M P, Brandon K E. The principles and practice of buffer zones and local participation in biodiversity conservation[J]. Ambio, 1993. 22(2/3): 157 - 162.

［291］ Wells M P, Brandon K E, Hannah L. People and parks: linking protected area management with local communities［M］. Washington, D.C.: The World Bank, 1992.

［292］ WHC. Operational guideline for the implementation of the world heritage convention ［Z］. 2005.

［293］ Wild R G, Mutebi J. Bwindi impenetrable forest, Uganda: conservation through collaborative management［J］. Nature & Resources, 1997, 33(3－4): 33－51.

［294］ Wong P P. Coast al tourism development in southeast Asia: relevance and lessons for coastal zone management［J］. Ocean & Coastal Management, 1998, 38(2): 89－109.

［295］ Yale P. From tourist attractions to heritage tourism ［M］. Huntingdon: ELM Publications, 1991.

［296］ Yang L. Ethnic tourism development: Chinese government perspectives［J］. Annals of Tourism Research, 2008, 35(3): 751－771.

［297］ Yeoman I, Brass D, McMahon-Beattie U. Current issue in tourism: the authentic tourist［J］. Tourism Management, 2007, 28(4): 1128－1138.

［298］ Suh Y K, Gartner W C. Preferences and trip expenditures — a conjoint analysis of visitors to Seoul, Korea［J］. Tourism Management, 2004, 25(1): 127－137.

［299］ Zeppel H. Selling the dreamtime: aboriginal culture in Australian tourism ［A］. In Tourism, Leisure, Sport: Critical Perspectives ［C］, Rowe D. and Lawrence G. eds. Sydney: 1998.

索　引